历史不容忘记

纪念世界反法西斯战争胜利70周年

大爱

日本遗孤的故事

关亚新 张志坤 著

五洲传播出版社

图书在版编目（CIP）数据

大爱：日本遗孤的故事 / 关亚新，张志坤著. —北京：五洲传播出版社，2015.3
ISBN 978-7-5085-3079-6

I. ①日… II. ①关… ② 张… III.① 日本－侵华－遗弃－儿童－史料 IV. ① D829.313 ② K264.07

中国版本图书馆CIP数据核字(2015)第044568号

“历史不容忘记——纪念世界反法西斯战争胜利70周年”系列
监　　制／国务院新闻办公室
出 版 人／荆孝敏
统　　筹／付　平

大爱：日本遗孤的故事
著　　者／关亚新　张志坤
审　　定／辽宁省人民政府新闻办公室
责任编辑／高　磊
编　　辑／乔　飞
装帧设计／傅晓斌
制　　作／北京原色印象文化艺术中心
出版发行／五洲传播出版社（北京市海淀区北三环中路 31 号生产力大楼 B 座 7 层 邮编：100088）
电　　话／ 8610 － 82001477（发行部）
网　　址／ www.cicc.org.cn
承 印 者／北京华联印刷有限公司
版　　次／ 2015 年 5 月第 1 版第 1 次印刷
开　　本／ 889 × 1194 毫米　1/16
印　　张／ 10
字　　数／ 180 千
定　　价／ 128.00 元

目　录

大爱：日本遗孤的故事

前　言

日本遗孤是指1945年日本战败投降后，日本侵略者撤退和遣返期间，遗弃在中国并被中国人抚养长大的日本孤儿。日本遗孤中既有军政人员的子女，又有工商界的后裔，但最多的是日本开拓团的后代，总人数在4000人以上，分布于中国29个省、市、自治区，其中90%集中在东北三省和内蒙古自治区。如此众多的战争孤儿被遗弃在当时尚未结束战争状态的异国，且被遭受过日本侵略者奴役和蹂躏的这一国家的人民所收养，这在古今中外战争史上是绝无仅有的。

日本遗孤是特定历史条件下产生的特殊历史问题。众所周知，中日两国是一衣带水的邻邦，两国人民有着两千多年的友好交往历史。但到了近代，日本军国主义开始疯狂侵略中国，在武装占领的同时，还向中国东北大量移民，妄图变中国为其永久殖民地。早在1905年日俄战争后，日本便开始陆续向中国东北移民，不过当时人数不多，尚处于起步阶段。1931年"九一八"事变后，日本政府开始推行大规模移民侵略政策，有目的、有计划、有组织地向中国东北移民，大批日本军政人员、工商界人士和武装移民，纷纷侵入东北。1936年，日本广田弘毅内阁提出在20年内向中国东北移民100万户、500万人的庞大移民计划。这一移民数字占当时日本农业人口的四分之一和中国东北预计总人口的十分之一。实际上，截至1945年，日本向中国东北移民人数达166万余人，其中农业移民达32万余人，日本遗孤问题的产生正是源于日本大规模的移民侵略。

1945年8月9日，苏联红军迅速出兵东北，数十万关东军顷刻瓦解。缺少军队保护的日本军政、工商人员和开拓团民，被迫紧急撤退，向沿海集中，以期乘船回国，从而出现了百万逃难大军。据调查，日本遗孤中的绝大多数是开拓团在撤退时遗留下来的。在紧急撤退中，有的父母身患疾病，途中死亡，他们的孩子便成了流落荒山野岭、街头巷尾、车站码头的孤儿；有的父母在溃逃中为了不让孩子病死、饿死、冻死，就把他们送给中国人抚养；也有的父母为了自己逃命，把不便于携带的婴幼儿抛弃于路旁郊野，被中国人抱回收养；更有甚者，当时一些死硬法西斯分子，在溃逃中对自己的同胞实行集体屠杀，侥幸大难不死的孤儿被中国人捡回家中抚育。

日本遗孤无疑成为战争灾难的受害者，在随父母逃亡过程中，所遭遇的不幸是常人难以想象的。他们在被收养前，有的衣衫褴褛、骨瘦如柴，有的疾病缠身、伤痕累累，有的饥寒交迫、气息奄奄。从档案材料看，大多数战争孤儿被收养时都在死亡线上苦苦挣扎，饱尝了种种磨难。正是日本军国主义发动的这场侵略战争，才使这些本该依偎在父母身边享受天伦之乐的孩童沦落为孤儿，并被遗弃在异国他乡。但日本遗孤又是幸运的。中国政府和人民对这些遗留在中国土地上的敌国儿童并没有以暴易暴，而是施之以德，以博大的胸怀将他们收留下来。正如聂荣臻元帅所说：“孩子是无辜的，应该让所有人明白，敌人虽然残忍地杀害了我们无数的同胞，但我们绝不能伤害日本人民和他们的后代。”抗战胜利后，尽管当时中国人民处境仍十分困难，但对那些走投无路、生命垂危的日本遗孤，却伸出仁爱之手，把他们从死亡线上拯救出来，用自己的乳汁和从口中省下的粮食将他们养大，并节衣缩食，千方百计地供他们读书，把他们培养成有用之才。日本遗孤成年后，中国养父母还帮助他们成家立业。中国政府对日本遗孤政治上信任，生活上照顾，工作上重视，使他们虽生活在异国他乡，但同样享受到家庭的温暖、社会的关爱和国家的保护，在中国这个大家庭中幸福地成长起来，从而谱写了人类历史上生命与爱的壮美赞歌。

战后，日本遗孤随着年龄的增长，思亲之情日益强烈，故适时帮助他们寻亲、探亲和回日定居等事宜，被逐步提到议事日程上来。中国政府本着人道主义精神，采取积极措施，提供各种方便条件，尽量满足他们的愿望。早在20世纪50年代初期，在协助日本侨民回国期间，少数日本遗孤就开始了寻亲活动。到了20世纪60年代，一些日本人士和某些日本民间团体，通过中日友好协会、中国红十字会赴日代表团以及在华日本侨民等组织和个人，开展了各种形式的寻亲活动。但因当时中日两国无外交关系，所以在华日本遗孤及其在日亲属的寻亲活动，只能是个别地或小规模地进行。

1972年9月，中日两国实现邦交正常化，为日本遗孤赴日寻亲创造了良好的条件。随着两国各界人士的友好往来不断增多，部分日本遗孤在日亲属，以直接或间接的方式，来华寻访失散的子女或兄弟姐妹，使生离死别的亲骨肉得以重新相认。同时，一些在华日本遗孤也开始赴日寻亲，并找到失散多年的亲人。1978年8月，《中日和平友好条约》签订后，为使在华日本遗孤寻亲活动健康有序地进行，让更多的日本遗孤得以赴日寻亲，中日两国政府经过多次研究协商，决定从1981年开始，由两国政府有关部门负责，分期分批地组织在华日本遗孤赴日寻亲，一切费用由两国政府负责。此后在华日本遗孤寻亲活动便大规模地开展起来。截至2000年，中日两国政府共组织了31批在华日本遗孤寻亲团，先后有2120名孤儿赴日寻亲，其中666人找到了在日亲属，约占总人数的31.4%。同时，已被确认身份的日本遗孤开始陆续回日定居。据日本厚生省提供的资料，1972—1995年，赴日定居的日本遗孤有2171人，携带配偶和子女人数达 7801 人。根据中国有关部门的统计，目前回日定居的日本遗孤总数近 4000 人。

中国政府和人民的育孤善举博得了日本各界人士的称赞。1983 年 4 月 3 日，日本外相安倍晋太郎在会见赴日寻亲的日本遗孤时说："日本发动侵略战争是个错误，由于这场不幸的战争，使你们在中国生活了 38 年。"日本兵库县的一位友好人士说："我们对中国抱有尊敬的感情。中国对日本孤儿给予人道主义待遇，充满友爱，这在世界上是少见的。"1984 年 10 月，日本遗孤代表在哈尔滨市会见日本厚生省大臣渡部恒三时说："前事不忘，后事之师。中日两国关系史上曾有一段不幸的经历。我们这些日本孤儿在侵华战争中受尽了种种磨难，缺衣少食，饥寒交迫，走投无路。当我们在死亡的边缘上痛苦挣扎的时候，中国政府和中国人民向我们伸出了温暖的手，将我们这些年幼的孩子领到家里，给我们衣食。新中国成立后，政府又送我们上学读书，给我们安排工作。我们建立家庭，生儿育女，过上了幸福生活。中日建交以来，随着中日两国友好关系的发展，我们这些日本孤儿由政府多次组织赴日寻亲，其中许多孤儿找到了在日本的亲属，与亲人共享天伦之乐，这是中日友好关系史上的新篇章。"

目前，大部分日本遗孤已回日定居，但他们对曾经生活过的黑土地和含辛茹苦将他们抚养成人的养父母们仍怀有深厚的感情。随着时间的推移和友好往来的增多，以日本遗孤为纽带所架起的中日友好之桥历久弥坚；日本遗孤与养父母及养兄弟姐妹之间的真情，与同学、同事、邻居之间的友情，与配偶的爱情，与子女的亲情，构筑了两国人民世代友好的基础。他们往返于中日之间，或探望亲人，再续亲情，或投资办厂，支持中国经济建设。1999 年 8 月，由上千名日本遗孤和日本民间友好人士共同捐资修建的"感谢中国养父母碑"在沈阳"九一八"历史博物馆落成，碑文写道："由衷祝愿日中两国长期和平友好，并向中国养父母竭诚致意。为中国养父母的伟大精神与崇高事迹传颂万世，为告诫后人不再重蹈历史覆辙，特立此碑。"此碑的建成反映了日本遗孤的共同心声。

现今，中日两国围绕在华日本遗孤所开展的各项工作，已接近尾声，由中国养父母和日本遗孤共同栽种的友好之树已生根发芽，相信在两国人民的精心培育下，它会叶儿更绿，花儿更红，果儿更硕。

作者 2014 年 5 月修订

序　一

今年——2015年，是世界人民迎来反法西斯战争胜利70周年，也是“二战”结束70周年。《大爱：日本遗孤的故事》此时出版问世，与读者见面，意义重大。

本书讲述的是中日关系史上的一段往事，从中我们可以了解日本侵华战争遗孤问题的来龙去脉，以及中国普通百姓怎样超越中日关系的怨和仇，在战后以博大的胸怀收养并抚育了几千名日本遗孤的感人故事。

有人会问，“二战”结束已经70年了，为什么我们还要出版《大爱：日本遗孤的故事》这样的书呢？

我认为，中日关系的发展历程，大致可以分为三个阶段：一是中日两国一衣带水，文化渊源深厚，有着长达两千多年的友好交往史；二是在近代由日本军国主义者发动的、给中国人民带来深重灾难也使日本人民深受其害的日本侵华战争史；三是战后几十年来两国老一辈友好人士和有识之士为中日关系的顺利发展而呕心沥血的奋斗史。本书述及的这段历史，贯穿于中日关系史中的第二和第三阶段，其影响一直延至今天，因此，这段历史是我们不能也不应该忘记的。

日本侵华战争遗孤，是日本政府从20世纪初就开始推行的向中国东北地区大规模武装移民的侵略政策的产物。它是特定历史条件下产生的特殊历史问题，带有深刻的历史烙印，同时又有其罪恶的根源，那就是日本的侵华战争和殖民统治。1945年日本军国主义战败投降，大批的日本儿童被遗弃在中国的土地上，饥寒交迫、贫病交加，面临着死亡的威胁。那时中日两国虽已结束交战，但在法律上仍处于战争状态；中国百姓长期遭受日本侵略者的杀戮、奴役和蹂躏，创巨痛深。尽管如此，善良的中国百姓对这些敌国遗孤没有以暴易暴，反而伸出仁爱之手，将他们收养起来，使他们从死亡线上得以拯救；在战后极度困难的处境下，百姓们省吃俭用，把这些遗孤抚养成人。中国各级政府也从各个方面给他们以关照和保护，使这些生活在异国他乡的日本孩子不仅享受到养父母给予的关爱，而且感受到中国这个大家庭的温暖。日本遗孤长大成人后，中国政府本着人道主义精神，积极协助他们回到隔绝几十年的故土日本去寻亲、探亲、定居。作为一个战争受害国，对于加害于己的侵略者的后代，能以如此宽广之胸怀、如此仁慈之爱心，施之以德，精心养育，这在古今中外战争史上恐怕是绝无仅有的。

日本侵华战争遗孤，从某种意义上说，既是日本侵华战争的受害者，也是日本对华侵略的见证人。正确处理日本侵华战争遗孤问题，是中国政府和人民对广大日本人民友好的表现。有正义感的日本人民赞扬并感谢中国政府和中国养父母的善举，对日本军国主义分子发动的那场侵略战争深恶痛绝，珍视同中国人民的友好情谊，希望日本远离战争、走和平发展的道路。这是完全符合两国人民的根本利益的。

隔海相望的中日两国，是亚洲两个有影响的重要国家。今天，我们重提这段历史，从中国方面来说，有助于广大人民尤其是青少年全面地了解近代中日关系史；从日本方面来说，可以使其正视和反省当年对华发动侵略战争的罪恶，并端正其历史观。说到底，根本的目的是：中日双方都以史为鉴、面向未来，在新的基础上发展中日两国人民的友好事业。

我认为，中国普通百姓不计前嫌，抚养日本侵华战争遗孤，可以说是战后中日两国人民友好的具体体现，而且从一定意义上说，也是战后中日民间交流的一个重要组成部分。

在《大爱：日本遗孤的故事》一书付梓问世之际，有感而发，书此为序。

中国中日关系史学会名誉会长
中华日本学会名誉会长
刘德有
2015 年 4 月于北京

序　二

1981 年我采访了中国日本遗孤第一次访日调查，以后我便一直坚持对孤儿的寻亲、回日本定居和中国养父母等进行采访。1981 年时，我首先感到的是对“孤儿”一词的违和感。因为问题发生的时候他们是“儿”，现在已经进入中老年，不能再称“儿”了。

但是，这正是问题的所在，也是反映深刻内涵的事实。算起来，从 1945 年到 1981 年已经过去了 36 年。找回这段时间的工作，把养父母和生父母相互面对的残酷事实摆在了孤儿们的面前。而且，了解孤儿们情况的有关人员年事已高。

我记得，当我看到中文书稿和资料的时候，被珍贵的证言、丰富的数据和图片彻底征服了。同时，我感到，把这些东西作为永恒的记录留存下去的工作，对孤儿的存在不被忘却，对日中关系一部分重要历史不被忘却是绝对必要的。

在不少相关人员相继去世的过程中，留下记录，传承下去的重要性越来越大。回到日本生活的孤儿也正在从第一代转变成第二代、第三代。在他们中间，有的人对父母、祖父母那个时代究竟怎样，他们到底经历了什么了解得并不多。可以说，本书因此而拥有了更新的价值。

一切历史证言者，随着时间的推移，都不得不从人转成物。在这个意义上说，本书就是重要的证言者之一。对为了再度推出这个证言者而尽力出版本书的所有人，我深表敬意，并表谢忱。

日本东京广播公司首席解说委员
原北京支局长
岩城浩幸
2015 年 5 月

第一章

白山黑水的敌国弃儿

1 日本向中国东北移民

早在19世纪末，日本就开始觊觎中国东北。1894年日本悍然发动中日甲午战争，迫使清政府签订《马关条约》，将辽东半岛割让给日本。由于俄德法三国“干涉还辽”，才迫使日本把已到口的肥肉吐出来。随后沙俄强租旅大，修中东路，势力扩张到东北全境。日本为与沙俄重新分割中国东北，于1904年2月8日突然袭击俄国在旅顺口的舰队，2月10日正式宣战。此后，这两个帝国主义国家在中国的土地上进行了一年半之久的厮杀。1905年9月，俄国战败，被迫签订《朴茨茅斯条约》，规定双方以长春为界，以南为日本势力范围，以北为沙俄势力范围。从此，日本开始向中国东北移民，先后掀起三次移民高潮。

日俄战争中中国东北奉天（今辽宁省沈阳市）

早期移民

日本早期移民数量递增表	
年代	人数
1902	300
1906	16000
1910	61934
1915	84572
1920	135470
1925	174162
1930	215463

20 世纪初日俄战争后，日本帝国主义从沙俄手中攫取了中国东北旅大地区的租借权和从长春到旅顺的铁路及附属地。为了加强殖民统治和进一步扩大侵略，日本统治集团内部开始提出“满洲移民论”。日本陆军大将儿玉源太郎竭力倡导向“满洲移民”。第一任“满铁”总裁后藤新平称：“经营满蒙的诀窍，在于实现满洲移民中心主义”，“我们在满洲应占有以主为客、以逸待劳的地位”，为此必须“第一经营铁路，第二开发煤矿，第三移民，第四畜牧，其中以移民为最。”他还说：“以经营铁路为基础，不出十年，则将有五十万国民移民满洲，俄国虽强，也不敢轻易与我挑起战端。和战缓急的大权，居然掌握于我之手中。”1908 年 6 月，后藤新平向日本内阁总理大臣提出备忘录，称：“进入满洲之我国移民，以今后十年为期，至少为五十万人，若有可能则应达到一百万人以上……如随年积月累，得以移入大量人口，满洲则在事实上成为帝国领土。不仅在以后归还之场合我之利益确定不动，而且或许出现最终不必归还之情况。”由于日本军国主义积极推行移民侵略政策，在大连及“满铁”附属地形成第一次移民高潮。截至 1930 年，日本移民共 215463 人，其中农业移民约 1000 人，史称“早期移民”。值得指出，在日本早期向中国东北移民期

1930 日本早期移民就业情况表	
职业种类	从业人数
农业	971
水产业	275
矿业	1841
工业	14888
商业	17946
交通业	16279
自由职业	17632
其他	3402
家务劳动	1545
无职业	803
随从人员	139881

间，曾于1915年在金州（今辽宁省大连市金州区）大魏家屯建立第一个日本移民村——爱川村，安排来自日本山口县玖珂郡爱宕村和川下村的19户农民进驻移民村。这种移民形式，为后来农业集团移民开了先河。

1915年，日本在大连金州建立第一个移民村——爱川村（图为爱川村警察所）

武装移民

1931年9月18日，日本关东军炮击沈阳北大营中国驻军，发动“九一八”事变。他们在占领中国东北全境后，于1932年3月1日扶植了以溥仪为执政的伪满洲国政权。这时，日本陆军省、拓务省和关东军提出一系列移民方策，很快掀起第二次向中国东北移民的高潮，史称“武装移民”。其时，日本国内以茨城县国民高等学校校长加藤完治为首的加藤集团，纷纷游说于日本政界、军界和学界，大力宣传向中国东北移民是大和民族的“民族膨胀运动”，是决定日本在东洋能否成为强大国家的关键，“是解决起因于‘土地饥饿’的日本农村问题的唯一出路”。1932年3月，日本拓务省召开“满蒙移植民问题恳谈会”，讨论选定和训练移民、获取移民用地、筹集移民资金、建立移民机构等问题，并制订了《满蒙移殖民计划》。日本关东军也认为，要在中国东北实行殖民统治，必须使大量的日本人“真正成为新国家的核心”，进行移民“是绝对不可欠缺的事业”，是“满洲建国的根本性课题”，并制订了《移民方策案》《日本人移民案要纲》等文件。关东军大尉东宫铁男进一步提出了“以日本在乡军人组建屯垦军基干部队，永驻吉林省东北地区（今

1931年9月18日夜，日本关东军进攻沈阳

黑龙江省佳木斯地区）”，强调日本移民的主体要由以前的“普通移民”改为“特别农业移民”，以“在满洲国内扶植日本的现实势力、充实日满两国的国防、维持满洲国治安”。1932 年 9 月，在日本拓务省和关东军共同策划下，组建了第一次日本武装移民团。该团于 10 月 15 日到达佳木斯，成立“佳木斯屯垦军第一大队”，下设 4 个中队 12 个小队，所有人员配带步枪、机枪、迫击炮等武器。1933 年 2 月入殖伪三江省桦川县永丰镇，后改称“弥荣村”移民团。移民团入驻后，即向当地中国居民每人支付 5 元动迁费，强夺 45000 町步（1 町步约等于 1 公顷）的土地，并开始试验繁育各种适合当地生长的农作物和畜禽，以便在其它移民团中推广。随着弥荣村人口的增加，1934 年 11 月设置了弥荣村小学，截至 1943 年 12 月，该团共有 295 户，1630 人。不久又组织第二次武装移民团，于 1933 年 7 月到达永丰镇南十华里的七虎力地方，后迁至湖南营子，建立“千振村”移民团。到 1936 年，日本殖民当局共组织 5 次武装移民，组成 9 个移民团，3000 人左右，分布于今黑龙江省桦南、依兰、绥棱等县及林口至密山的军用铁路沿线一带。

1932 年 10 月 8 日，日本武装移民在大连登陆

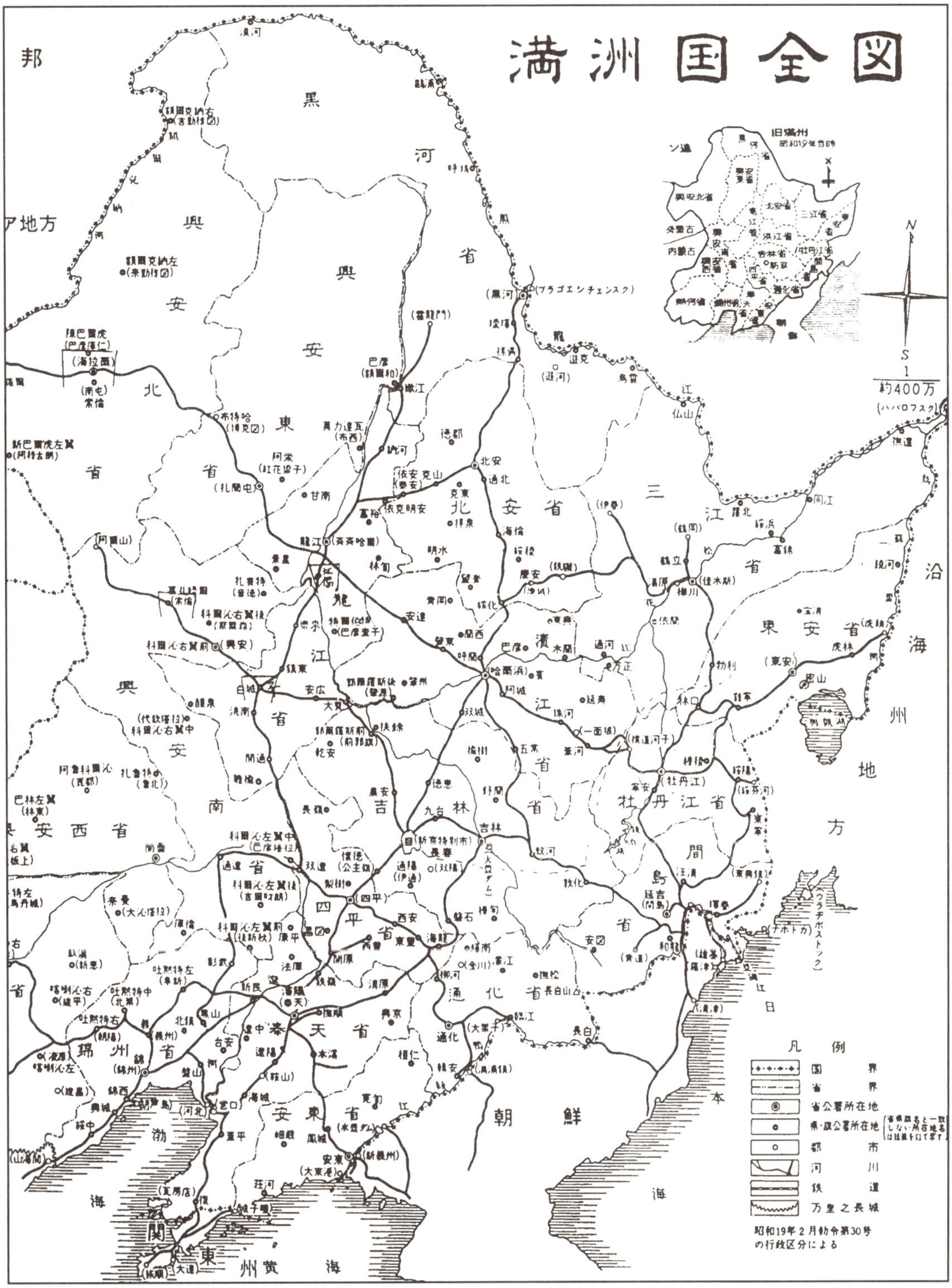

1944 年 2 月，日本绘制的伪满洲国行政区划图。日本殖民者把以武力侵占的中国东北分割为 19 个省、1 个特别市（即伪满洲国首都——新京特别市）

弥荣村的日本儿童

弥荣村小学校

弥荣村移民团员参拜神社

日军制作的关于伪满洲国政府的传单

弥荣村移民团员加工木材

国策移民

在武装移民的基础上，1936 年 4 月，关东军在伪满洲国首都新京（今吉林省长春市）召开移民会议，制订了《满洲农业移民百万户移住计划案》，提出在 20 年内向中国东北移民 100 万户 500 万人的庞大移民目标。同年 8 月 25 日，广田弘毅内阁正式宣布向中国东北移民是日本“七大国策”之一，预计从 1937 年起，在 20 年内分四期向东北移民，即：1937—1941 年为第一期，移民 10 万户；1942—1946 年为第二期，移民 20 万户；1947—1951 年为第三期，移民 30 万户；1952—1956 年为第四期，移民 40 万户。此后形成了以农业移民为主的第三次移民高潮。史称“国策移民”。

为实现国策移民计划，日本帝国主义采取新的移民方式，主要实施“分村分乡”移民。所谓“分村”移民，是指以日本国内的一个村庄作为“母村”，从中分出部分农户组成移民团，进入中国东北后再建立移民村，称作“子村”；所谓“分乡”移民，是指从日本国内一个地区的若干个村庄中分出部分农户，再组成一个移民团移住中国东北。这种“分村分乡”形式，可以把日本农户男女老少全家移出，减少本人及其家属的阻力，增加移民的数量，并利用移民之间的乡邻、家族关系，增强移民的凝聚力，使他们能长期地、稳定地居住异国他乡。这种方式还把日本农村中一部分无地或少地的贫苦农民举家搬迁，使日本国内的农业危机和阶级矛盾得以缓和。

日本青少年义勇队员乘车去嫩江训练所接受训练

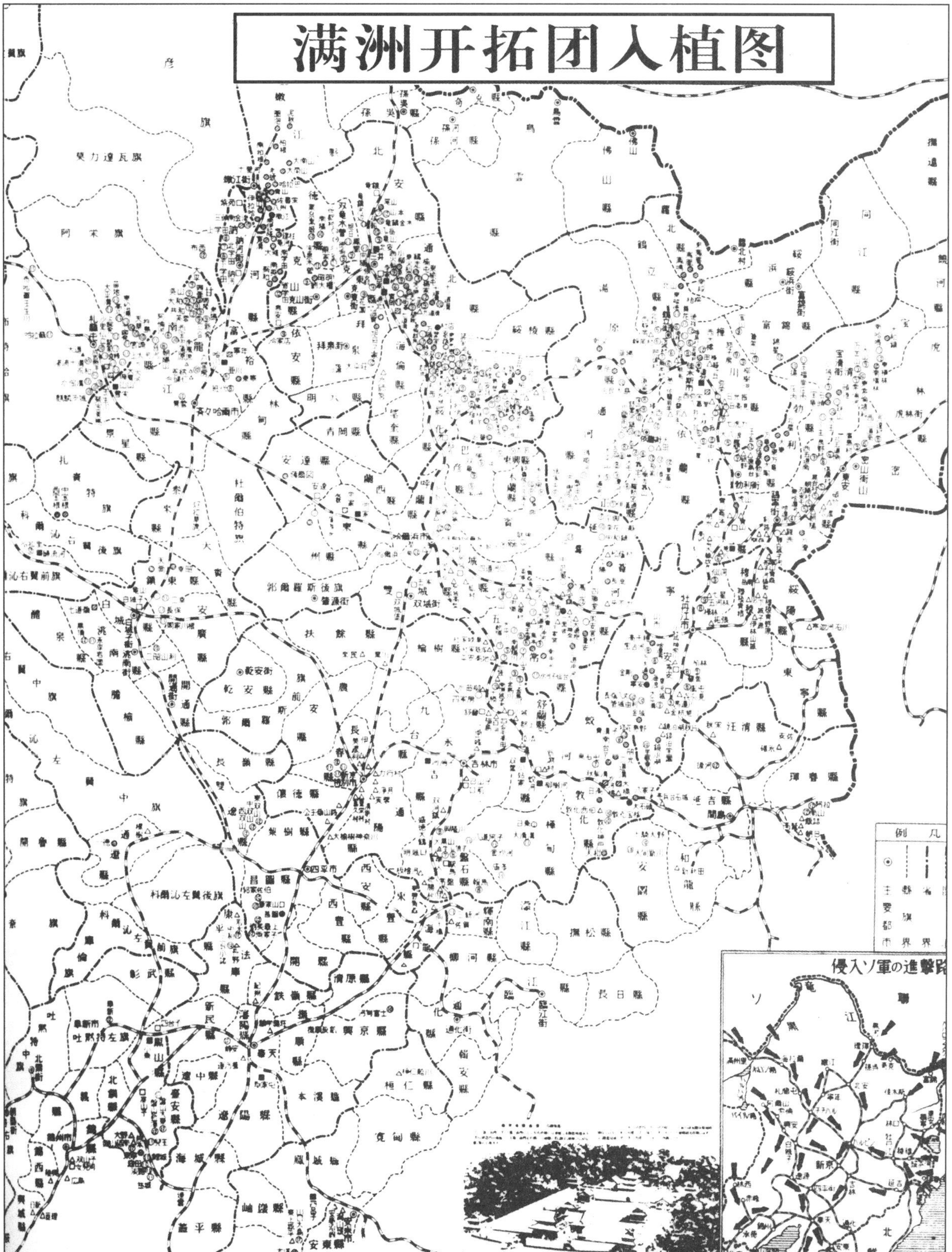

日本绘制的开拓团入植（殖）图

日本向中国东北移民的另一种主要方式，是组建“满蒙开拓青少年义勇队”。随着日本帝国主义发动全面侵华战争，大批日本农民或应征入伍，或被军事工业所吸收，农村劳动力日趋紧张，为解决农业移民来源不足问题，日本统治集团决定以青少年代替壮年，采取募集“满蒙开拓青少年义勇队”办法，实施开拓移民。义勇队的募集对象是16至19岁的日本青少年，他们被征集后首先要在以加藤完治为所长的茨城县内原训练所接受2至3个月的“身心锻炼”，然后再进入设在中国东北的训练所进行为期3年的实地训练。训练内容除军事、农业和其他技能外，更主要的是精神教育，即向他们灌输军国主义、法西斯主义思想和武士道精神，把他们培养成日本帝国主义的驯服工具。1941年第一批进入东北的1.7万名义勇队员结束训练，编成68个义勇队开拓团开进移民点。第一期移民计划结束时，共有54394名义勇队员进入中国东北，成为开拓移民的重要组成部分。

在大连海滨玩耍的日本儿童

开拓团中的母亲和孩子

开拓团中的祖孙俩

开拓团中的妇女和儿童

日本儿童在山海关

从1932年10月第一次武装移民始，截至1945年5月，日本帝国主义共向中国东北输送开拓团928个，青少年义勇队102个，报国农场74个，合计1104个。其中开拓团民220255人，义勇队员101627人，合计为321882人。日本军国主义打着“开发”“开拓”旗号，大规模地向中国东北实施开拓移民，事实上开发即为掠夺，开拓就是强占。就农业移民来说，到1945年日本战败投降前，日本帝国主义通过伪满洲国政府和满洲拓植公社，采取各种手段在中国东北掠夺土地2000多万公顷，占东北可耕地面积的60%。日本开拓团把中国农民赶出世代居住的家园，迫使他们一部分进入城市，成为无业游民；一部分留在原地，成为日本开拓团民的佣工；一部分迁往其他更艰难的地方，被称为“县内移民”。此外，日本移民作为后备军事力量，有的应征入伍，有的警戒军事要冲，有的充当暗探，在侵华战争中直接或间接地参与镇压和杀害中国人。总之，日本向中国东北移民，既给中国人民带来了深重的灾难，也把日本人民推向罪恶战争的火坑，这是战后日本遗孤产生的根本原因。

日本少年在伪兴安东省扎兰屯（今内蒙古自治区呼伦贝尔市扎兰屯）附近的山上

当年日本开拓团的民居风格（保留于今黑龙江省方正县吉兴村）

当年日本开拓团本部（保留于今黑龙江省方正县吉兴村）

伪间岛省龙井村（今吉林省龙井市）日本开拓团民住宅

当年日本开拓团民居住过的房子（保留于今黑龙江省方正县吉兴村）

日本青少年义勇队员乘船驶往大连

伪东安省鸡宁县哈达河移民团

日本国内掀起战争狂热

伪满洲国奉天城第一小学的课堂

日本开拓团驻地的神社

伪东安省密山县兴凯湖渔农开拓团农耕部

房屋前的日本开拓团团民

正在播种的日本开拓团团民

伪三江省鹤立县静冈村开拓团本部

2 战火余生的日本孤儿

1945年8月9日，苏联红军出兵中国东北，日本关东军迅速溃败。8月15日，日本宣布战败投降，第二次世界大战结束。此后，开拓团民被日本统治集团和关东军所抛弃，陷于极度困难的境地。一些人在败逃过程中自杀、病死或饿死；一些人失踪于深山老林和荒郊旷野；数以万计的妇女和孩童流落在东北的城市和农村。据日本编纂的《满洲国史》记载，当时在东北的155万日本人（不包括军人、军中文职人员和军人家属）中，有开拓团民27万人，占总数的17%；在战后1945年至1949年期间，日本人共死亡了17.6万人，而开拓团民死亡人数就有近8万，占总数的45%。日本开拓团的覆亡完全是战争灾害的结果，是日本帝国主义侵华战争的殉葬品。

日本天皇裕仁通过广播发表《停战诏书》，接受盟国的《波茨坦公告》，宣布日本国无条件投降

1945 年 8 月，苏联红军炮兵轰击占领中国东北牡丹江的日本关东军

日降書昨晨正式簽訂

麥克沃塞將軍在日降書正式簽訂前發表演詞稱

建基於忠信與諒解上之世界必能自血火中產生

「中央社東京二日電」日本降書已於今日上午十時（東京時間）在美戰艦「米蘇里」號上莊嚴簽字，協約軍總司令麥克沃塞將軍當場發表演說，略謂：「余之堅決目的為根據余所代表諸國之傳統以公正而寬大之精神執行職責而同時採取一切必須措施保證條約之充分迅速而忠實的履行。……吾所切切希望者，亦即全人類所希望者從此之後將從過去的血與殘虐之中出現一個較好的世界——一個基於信義和諒解的世界，為實現人類的尊嚴及自由寬容和正義的最高理想的世界。」麥帥隨即邀日本代表簽字，彼等簽字之後麥帥本人亦即簽字，然後各國代表一一簽字。簽字之順序為：日本、麥帥、美國、中國、英國、蘇聯、澳洲聯邦、加拿大、法國、荷蘭、新西蘭，然後麥帥又說：「讓我們祈禱世界從此恢復和平，得到上帝永遠維護。現簽字程序告終。」

繼由協約國海軍總司令尼米茲上將演說稱：

「日本於一九四一年十二月七日所背信發動之長期艱苦的戰爭已告結束。吾人聯合作戰，並獲勝利。使日本擠於文明國家之列之程度，不久即將重復開始。吾人及世界上一切愛好自由之人民對於勝利皆歡欣不已，並以我等聯合軍之成就為榮：然聯合國必須嚴格實行對日媾和條件，並須保持我等實力，以防未來侵略行為再起，而破壞吾人之生活方式。」

「現今吾人將從事於建設及恢復之偉大工作。余深信吾人對此問題必能應用贏此戰勝之同一技術，毅力及深思熟慮之方法以解決之」。

日皇接受波茨坦宣言之通告並令日本帝國政府及日本帝國大本營簽署投降條約：「凡我軍民，應立即停止作戰，放下武器，並忠實執行投降條款，服從日本帝國大本營所頒發之命令」。

麥克沃塞最後又發表演說，略謂：「吾人茲受波茨坦宣言之委托，目睹日本人民自奴隸制中獲得解放。余之目的為一俟日軍解除武裝立即履行此項委托。其他應採之重要步驟為消除日本民族之戰爭潛存力量」。

（舊金山二日無綫電廣播）美第八軍現正佔領東京區。第六軍定於下週換佔九州，第十軍則將開入朝鮮南部。明日將有婆羅洲之日守軍二萬餘人投降，下週門澳軍將接受西太平洋全部巴登守軍之投降。

抗戰日報 號外

中華民國三十四年九月三日

1945 年 9 月 3 日，《抗战日报》号外刊载日本在 9 月 2 日签订投降书的消息

自杀惨案的牺牲品

日本战败投降后，缺少军队保护的日本开拓团民纷纷作鸟兽散，开始向沿海地区大逃亡。其时分散在黑龙江、吉林、内蒙古东部边陲的各开拓团，由于地处偏远，交通不便，很快陷于绝境。一些死硬法西斯分子在绝望中把手中的屠刀伸向自己的同胞，逼迫开拓团民集体服毒、自爆、自焚，制造了一系列惨绝人寰的大血案，许多人弃尸异国他乡。一些大难不死的儿童被中国人救起并抚养成人。

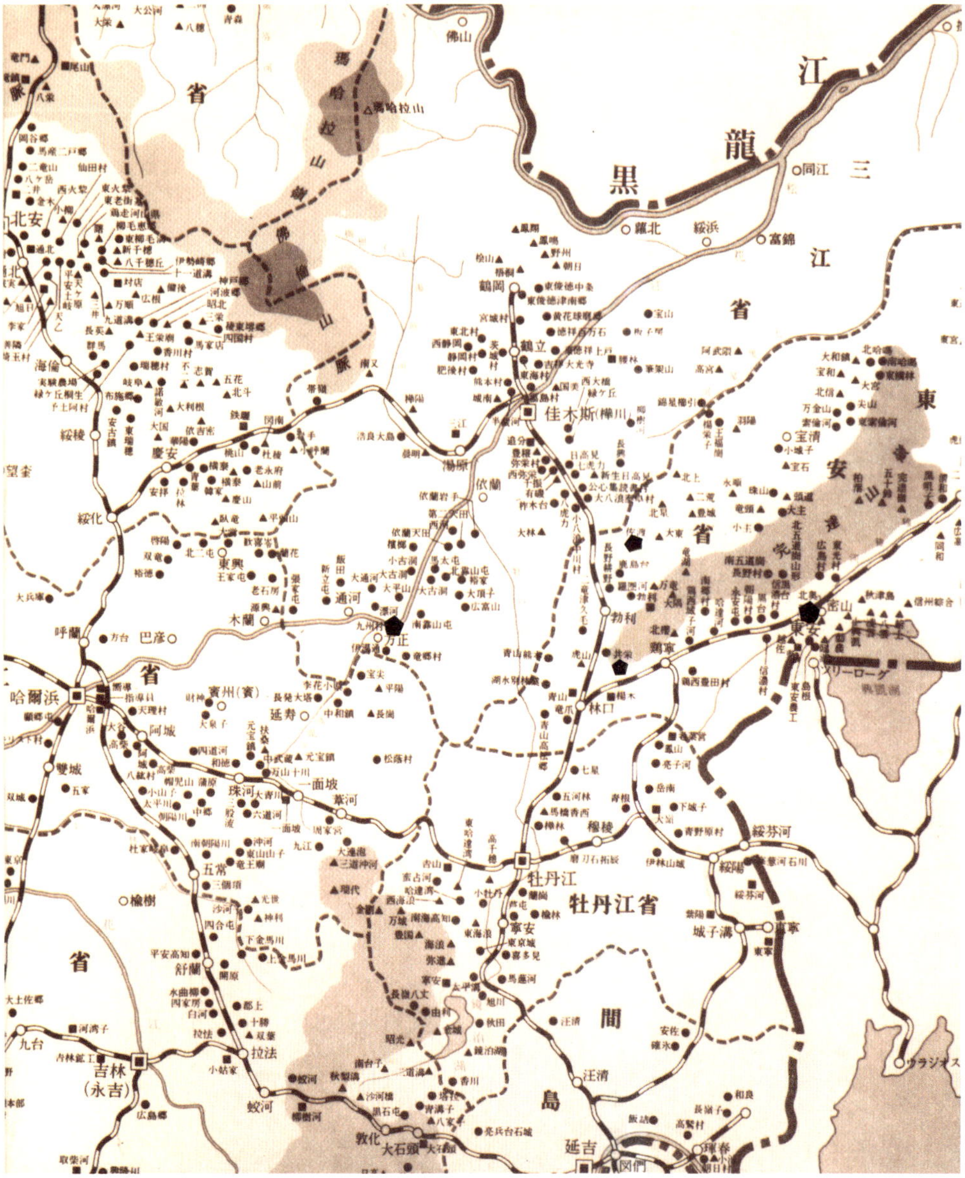

日本战败投降期间部分死难事件示意图

东安驿事件

1945年8月10日晨，从虎林开来的最后一列满载日本妇女和儿童的列车，在伪东安（今黑龙江省密山市）车站遭到日军事先埋设的地雷误炸。现场留下两个直径20米、深3米的大坑，被掀下路轨的车厢残骸破碎不堪。当时有500余人死亡，200余人受伤，支离破碎的尸体被抛出几十米之外。爆炸后，有中国人来到现场，发现一个四五岁的受伤小男孩边哭边爬，便将其抱回家中抚养，后取名王玉春。这次炸车事件中另一个幸存的小男孩，被一姓张的中国人收养，取名张爱庭，曾任密山市政协主席，现仍居住在密山市。

东安驿事件遗留的日本孤儿

王玉春

于良仁

张爱庭

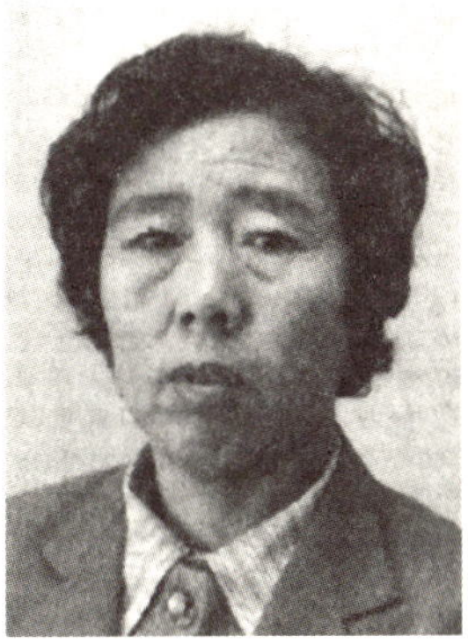

木兰

郑淑兰

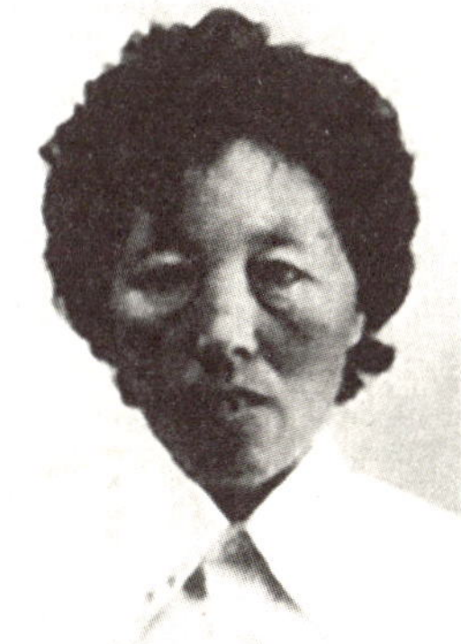

张春芳

麻山事件

1945年8月12日，伪东安省鸡宁县（今黑龙江省鸡西市）哈达河开拓团在团长贝沼洋二的率领下撤退到麻山地区，遭到苏军的阻截。当时，走在队伍前面的七八个男学生和70多名妇女儿童，顿时慌作一团。绝望中几个男人将妇女儿童全部枪杀，然后逃入山中。贝沼洋二得知情况后，派人向过路的日军联系，请求保护。结果那些军人只顾自己逃命，根本不予理会。最后贝沼洋二作出“以死报国”的决定，并委托警察队长处理善后，自己向东方遥拜，口呼“天皇万岁”，用手枪自杀而死。在队伍后面的副团长上野胜和团部医生福地靖等，听说团长以下全员自决的消息，像着魔一般，狂呼乱喊。随后，男团员们纷纷开枪，开拓团民全部倒在自决现场，500余名妇女儿童死于非命。这次事件中幸存的7名孤儿被当地中国人所收养。

麻山事件遗留的部分日本孤儿

王洪福

席静波

张春德

郑云桥

葛根庙事件

1945 年 8 月 12 日深夜，分布在伪兴安南省王爷庙（今内蒙古自治区乌兰浩特市）的日本军政人员及开拓团民 1200 余人，在科右前旗参事官浅野良三带领下，紧急向葛根庙方向撤退。8 月 14 日 11 时许，在离葛根庙不远的公路上与苏军遭遇，带队军官下令开拓团民向路旁的大沟里跳，随后向沟中扔手榴弹，未炸死的，又派人用刺刀挑，制造了死亡千余人的大血案。内蒙古自治区通辽市原人大常委会副主任乌云就是这次事件的幸存者之一。当时她的母亲、姐姐、妹妹和两个弟弟均在这次惨案中死亡，她自己在死人堆里趴了 4 天，靠喝血水活命，后被当地蒙古族牧民救起。

伪兴安南省科右前旗（今内蒙古自治区科尔沁右翼前旗）葛根庙事件发生地

葛根庙事件遗留的日本孤儿

郎桂翠

吕永各

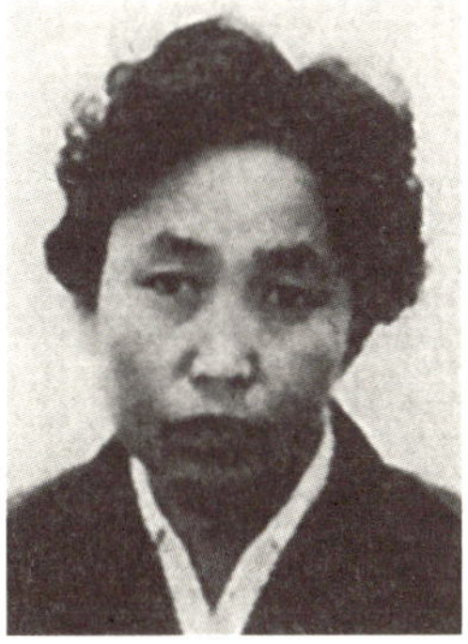

陈秀英

霍金才

乌云

方正事件

日本战败投降后，在今黑龙江省佳木斯附近的桦南、桦川、汤原、依兰、林口等县的开拓团民，纷纷结队出走，向位于黑龙江省方正县伊汉通乡的开拓团总部集结，总人数达万人以上。因长途跋涉，体力耗尽，加之寒冬降临，缺衣少食，人员密集，开拓团内传染病流行，短时间内就有 5000 余人死亡，其中大部分是妇女和儿童。活下来的妇女和儿童大多得到当地中国人的救助和抚养，仅方正县就有日本遗孤 205 人。

方正事件遗留的日本孤儿

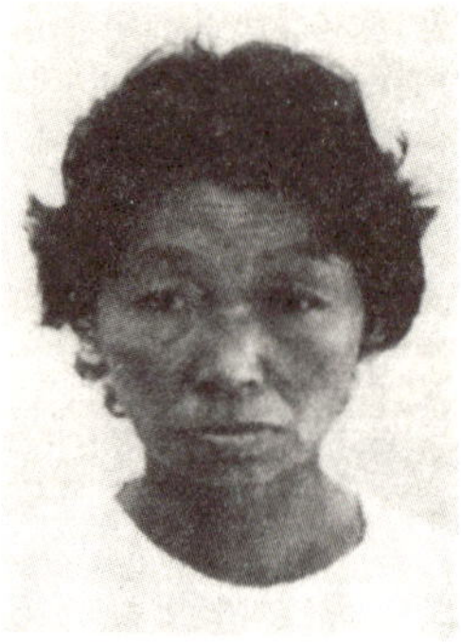

吴桂翠

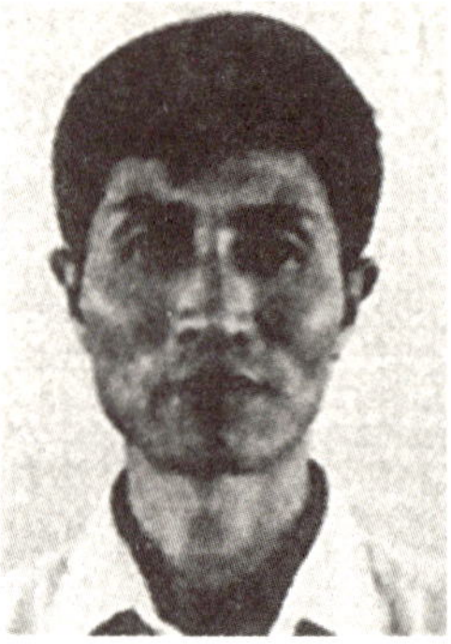

刘景芳

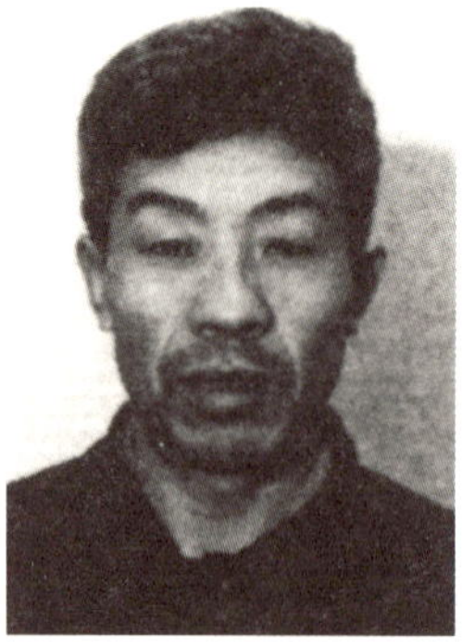

赵财

张秀翠

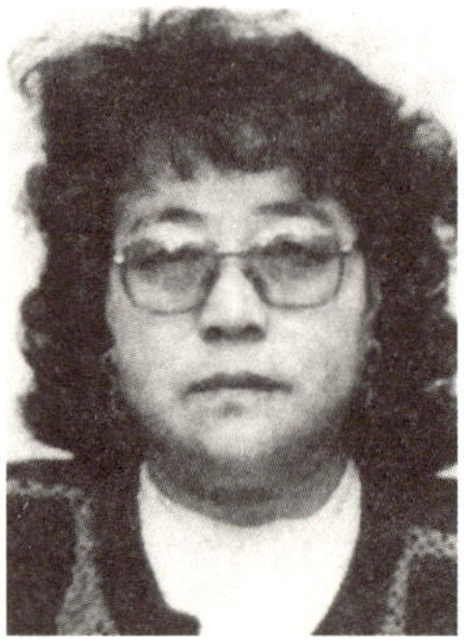

刘淑兰

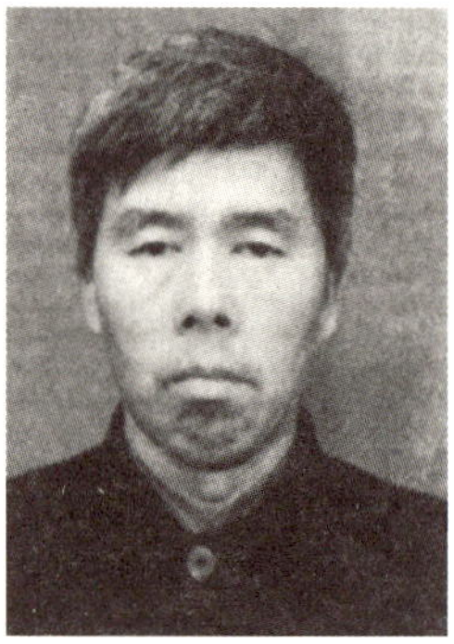

徐子良

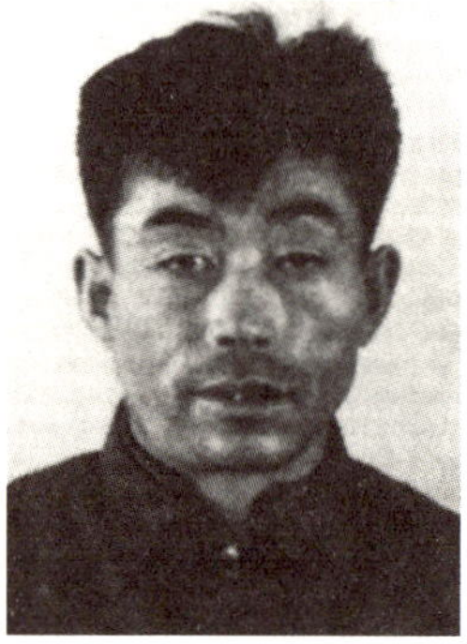

杨春生

从档案材料看，绝大多数日本遗孤在被收养前都在死亡线上苦苦挣扎。正是日本军国主义发动的这场侵略战争，才使这些本该依偎在父母身边享受天伦之乐的儿童饱受苦难，并被遗弃在异国他乡。日本遗孤的遭遇是不幸的，他们是日本侵华战争的牺牲品。

日本战败投降后遗留在中国的部分日本儿童

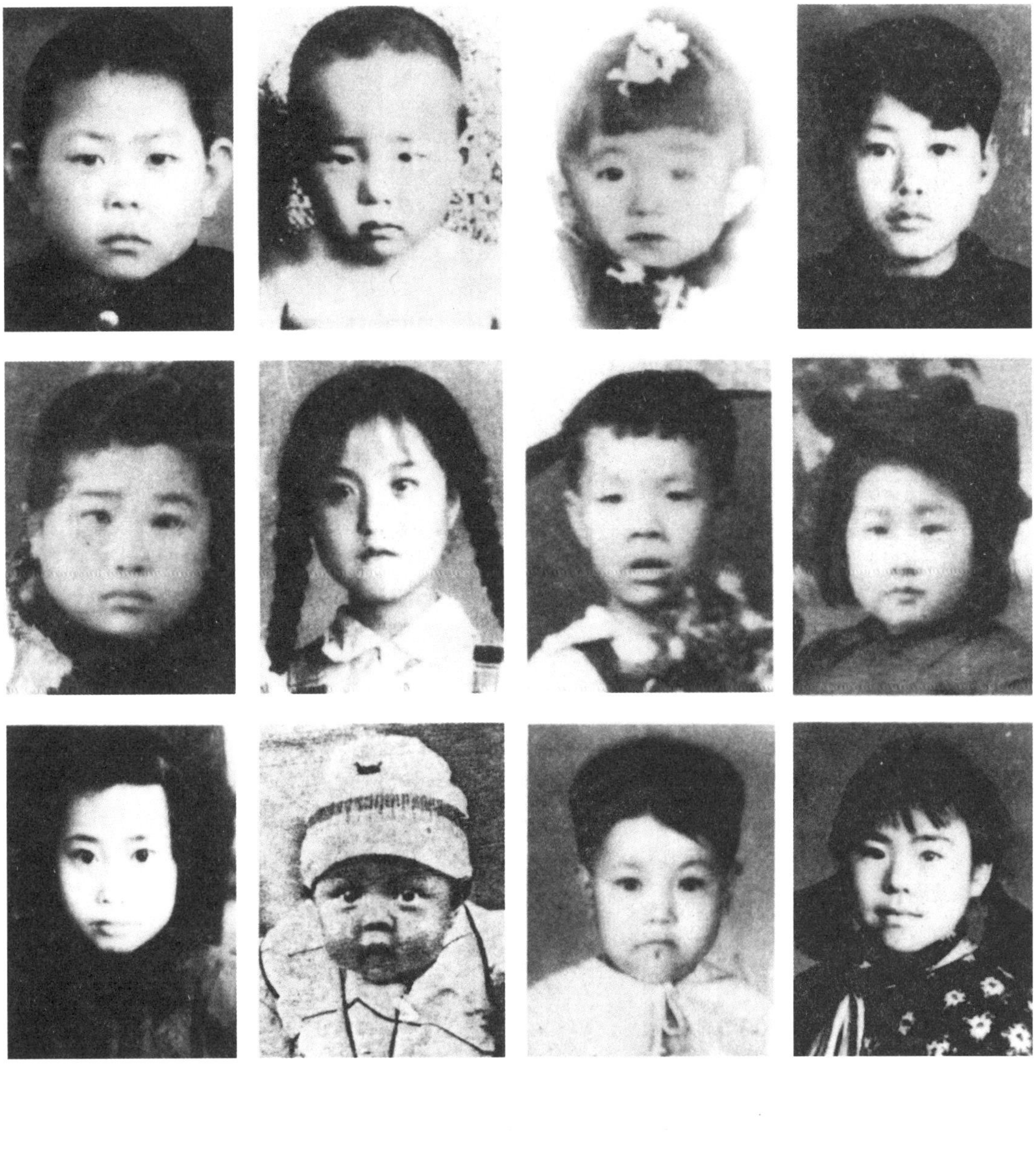

逃亡路上的遗弃儿

日本开拓团民在逃亡途中，扶老携幼，艰苦跋涉，忍饥受冻，老弱病残者倒毙在路边，嗷嗷待哺的婴儿遗弃于沟壑。这场逃亡令当时经历过的开拓团民不堪回首。

1939 年，松田ちゑ随丈夫入殖伪三江省依兰县北靠山屯开拓团。日本战败投降后在中国生活，她把自己的半生经历写成《開拓残留妻の証言》

松田ちゑ所著《開拓残留妻の証言》

我们这支逃难队伍，扶老携幼，拖儿带女，怀着恐惧的心情匆忙地行进在田间小路上，谁也不说一句话，只能偶尔听到一两声幼儿的哭叫声和妈妈的安慰声。我们每人带的仅够三天吃的干粮很快就吃光了。没有吃的，就采野果、野菜来充饥，最后就连葡萄蔓子和葡萄叶子也采来充饥。孩子们饿得头重脚轻，全身无力，一个劲地哭喊着："妈妈，我要吃饭。"我们这些做母亲的身上背着孩子，手里还要拿着行李，迈着艰难的步伐，一步一晃地踏着泥水，努力跟上前进的队伍，穿行在山林之中。有个妇女背着两个孩子，可其中那个小的已经死了，她还不知道。几天来，在我们所走过的山坡上、树林里，经常可以看到被抛弃的死孩子和倒在地上停止了呼吸的大人。

松田ちゑ：《開拓残留妻の証言》

我们在行进中碰到一个小孩，坐在南山坡，有两三岁的样子，身穿红衣，围着一条毯子，前边放着一杯水，水杯旁放着一堆大米花。孩子不喝水，也不吃大米花，只是不停地哭着，嘴里喊妈妈……

在一个山坡上，远远能看见，有两排小包裹在那儿放着。包裹排列整齐，长长的，圆圆的，活像枕头，两排能有三十来个。我很奇怪，这是什么呢？我把妹妹放下，跑过去打开包裹一看，全是婴儿……

河岸上，一群年轻的母亲把自己的孩子领到河边，说是叫孩子喝水。当把孩子领进河中之后，这些狠心的母亲硬将孩子按在水里。孩子们挣扎着，可是母亲们接着又按下去，最后都顺水流走了。我数着：1、2、3……大概有二十多个孩子被活活溺死。

羽贺君枝：《逃难路上》

1945年8月下旬，我们在向方正奔逃途中，因为我的孩子多，拖累了大伙赶路，团长让我把孩子扔了。天哪！那是我的亲骨肉啊，怎么忍心呢？我们活要活在一起，死也要死在一块儿，说什么也不能扔。团长说：“你扔了，中国人会捡去把他养大，要带上，影响大家赶路，上不了船，我们就都得死。”没办法，我只好把四岁的女儿放在道上。可我一起身，女儿便伸着两只小手，拼命地喊着妈妈。我走了几步，心像刀绞似的难受，心疼得我又跑了回去，还要把她抱起来。团长说什么也不允许，我怕他再让我把儿子也扔了，就顺从了团长。我一边流着泪一边对女儿说：“孩子，别怪妈妈无情啊，我这是给你留一条活路，要不咱就都得死了。”

水野百合子：《我的恩与怨》

记不清走了多少日子，日本兵突然向我们这些逃难的人传话：“如果孩子的哭声让苏军听到，我们可就全完了。上级命令把小孩儿全部扔掉。”……在一个不太高的山岗下，有二十多个带孩子的母亲围坐成一个圆圈。我右臂夹着实儿，左臂抱着八重子。一个士兵擎着手榴弹，扔向人群中央，发出相当大的轰响。我以为我们准死，可是一块弹片也没伤着我们。中弹的人，脸上手脚上都流出了血。尚未死的人等待着第二颗手榴弹。接着那个士兵投出了第二颗手榴弹，炸响后却没伤着一个人。我看见那个士兵在流泪。这时走来两个军官，叫士兵把活着的孩子用刺刀一个一个地刺死。当他们把刺刀刺进实儿的胸膛时，孩子发出凄厉的叫喊声。我拼命地喊着：“刺我吧！”想冲过去保护实儿，但被士兵架着，靠近不了实儿，只能眼睁睁看着我的实儿咽了气。接着士兵又刺死了八重子。我疯狂地哭着、叫着。

岩崎＊＊：《忆亲人的惨死》

收容所中的罹难者

日本战败投降后，分散在中国东北各地的开拓团民们，从四面八方向内地涌来。当他们扶老携幼，长途跋涉，到达哈尔滨、长春、沈阳等中心城市时，除个别有亲友者外，大部分成为衣食无着的难民，纷纷住进了设在当地的难民收容所。而一些偏远地区的开拓团民，在逃难途中被收留在齐齐哈尔、方正、海林、拉古、延吉、敦化、四平、抚顺等地方收容所。在等待遣返的日子里，难民收容所中的开拓团民经受着严寒、饥饿、疾病的摧残，儿童、妇女和老人大批死亡，成为日本军国主义者发动这场战争的罹难者。

1946 年 3 月，在辽宁省锦州市街头叫卖的日本儿童

1946 年 3 月，满面愁容的日本妇女在辽宁省锦州市街头卖香烟

1946 年 7 月，中国东北地区的日侨登船回国

哈尔滨市日本难民收容所

哈尔滨市为收容北满各地的日本难民，曾动员以新香坊收容所为主，包括学校、寺院、剧场、会社、社宅、仓库等325个收容所。收容所分为无料和有料两种。无料收容所实行生活物资配给制，主要有：位于香坊区开拓训练所的“新香坊收容所”，收容难民25000人；位于马家区花园小学校的“花园收容所”，收容难民3000人；位于道里区的“西本愿寺收容所”，收容难民800人；位于道里区的“满拓收容所”，收容难民300人；位于道里区的“大星旅馆收容所”，收容难民300人；位于道里区的“东本愿寺收容所”，收容难民150人。其他300余个收容所属于有料收容所，即难民靠自己的劳务来维持生计。据当时任职于哈尔滨日本人难民联络会的村井光雄回忆：1945年10月中旬，在哈尔滨某难民收容所里，每天都有人死去，大约一天死亡30人……到1946年8月遣返时，这个难民收容所只剩下50多人。一些大难不死的儿童，流落到市井之间，被当地百姓收养，仅哈尔滨市内就有日本遗孤200余人。

日侨难民收容所——桃山小学（今黑龙江省哈尔滨市兆麟小学）

中东铁路滨江站（满铁哈尔滨驿，今哈尔滨火车站）

日侨难民收容所——花园小学（今黑龙江省哈尔滨市花园小学）

长春市日本难民收容所

1945 年 9 月，长春市原居日本人由 15 万余人锐减至 9 万余人，而到了 1946 年 9 月，滞留在长春市等待遣返的日本侨民则上升到 20 余万人，这 12 万净增的日本难民中有开拓团民 28637 人，分别来自东满、北满、西满各地的 135 个开拓团。他们大多居住于长春市南郊绿园地区及比邻之兴隆街、南大房身、西大房身、东大房身等 5 处日本关东军军官宿舍。由于极度的身心疲劳，加上天寒、营养不足和卫生条件差等原因，还有因吃不惯高粱米和小米引起的消化不良导致营养失调以及肺结核病并发，难民死亡的现象不断发生。长春市日本人会开设了 8 个保健所、40 个保护所，配备 500 名工作人员，全力以赴地进行防治。尽管如此，从 1945 年 8 月战争结束至翌年 3 月的 8 个月当中，死亡人数还是多达 2.5 万人。最严重的是传染病，其中以斑疹伤寒尤甚。死亡人数中 4 岁以下儿童占 56%，60 岁以上的老人占 31%，半数以上幼儿在难民收容所中死去。一些妇女和儿童得到中国人的救助而幸存，长春市留下的日本遗孤有 180 余人。

满铁新京驿（长春火车站，已拆除）

1945 年 11 月，日侨在吉林省长春市街头摆地摊谋生

1946 年，辽宁省锦西县和平区收容所的待遣日本儿童

1946 年 7 月，一名日侨在吉林省长春市街头出售自制的小器具

1946 年 7 月，吉林省长春市日侨遣返

沈阳市日本难民收容所

截至 1945 年底，流入沈阳市的日本难民总数达 15 万人，其中有来自 121 个开拓团的 19318 名开拓团民，被收容在沈阳市铁西等区的工厂、学校、仓库、军营的

1945 年 12 月，在辽宁省沈阳市街头贩卖香烟的日本女孩

日侨难民收容所——奉天幼稚园

难民收容所里。由于许多日本难民从远在千里之外的边境地区长途跋涉来到沈阳，身心极度疲劳，在严寒、饥饿、疾病侵袭下，死亡者比比皆是。相当数量的妇女和儿童因得到当地中国人的救援而得以幸存。沈阳市的300余名日本遗孤，大多是从难民收容所流落出来的。

满铁奉天驿（今沈阳站）

抚顺市日本难民收容所

日本战败前，抚顺市共有日本人41494人，其中属于抚顺煤矿系统的有28000人。1945年8月后，从外地流入的日本难民有39330人，其中开拓团民10379人，分别隶属于57个开拓团。这些开拓团民有直接就近进入抚顺市的，如奉天、吉林、四平、磐石等地开拓团，也有从黑龙江省三江地区、牡丹江地区远道而来的。此外，日本人会和苏军还从长春市、哈尔滨市调出几个开拓团，南下抚顺，从事挖煤作业。由于采煤劳动强度大、营养失调、传染病流行等原因，抚顺难民收容所的难民死亡率很高。在饥饿和死亡的威逼下，有190余名日本儿童走进了中国家庭。

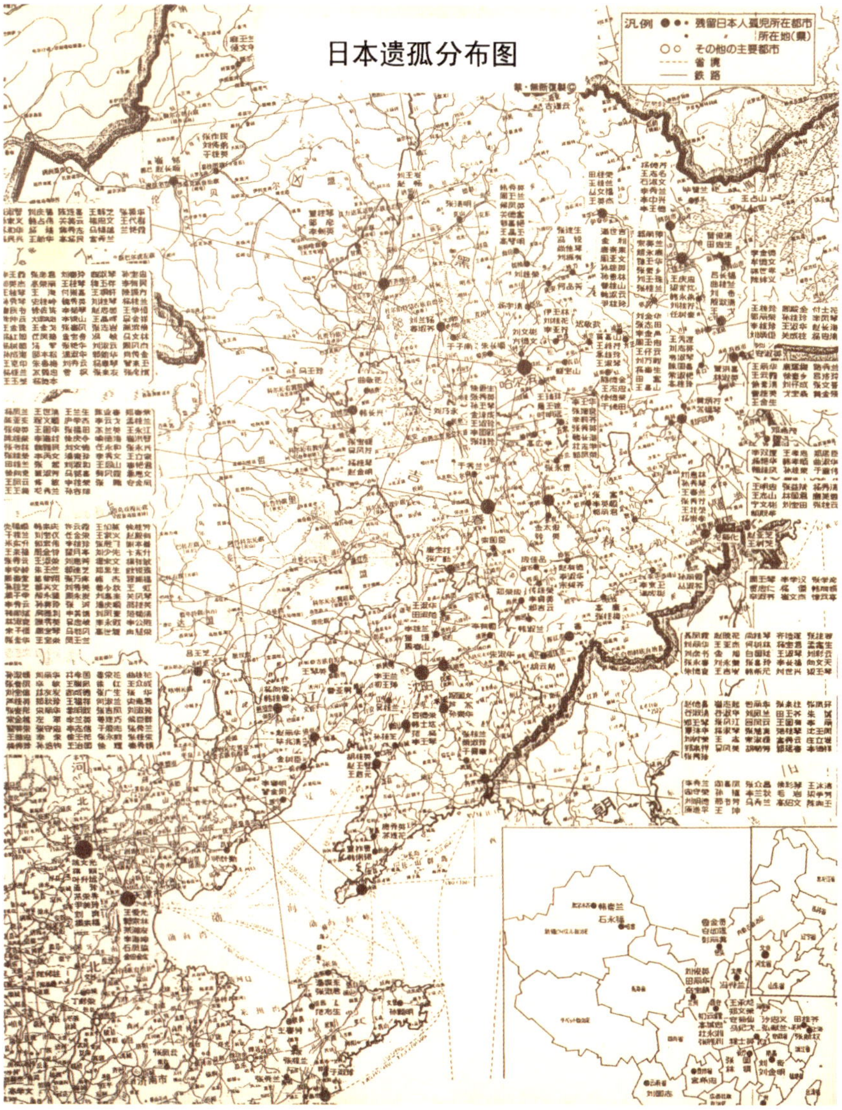

1983年，日本遗孤分布图

日本向中国东北移民是日本帝国主义侵略政策的重要组成部分，它必然随着日本战败投降而彻底破产。分布于中国东北各地上千个开拓团一朝覆亡，数十万日本开拓团民成为日本侵略政策的牺牲品和替罪羊，是这场战争灾难的直接受害者。而日本遗孤这一特殊群体，则是那段历史的见证人。

第二章

中国母亲的博大胸怀

1

走进中国家庭的日本遗孤

1940年，八路军晋察冀军区司令员聂荣臻与日本战争孤儿美穗子

日本战败投降后，日本难民在逃亡过程中，被迫将自己的孩子遗弃在中国的土地上，直接或间接地送给中国人抚养，从而形成了日本遗孤这一特殊群体。据中国有关部门统计，截至2000年，日本遗孤在黑龙江省有2010人，在吉林省有750人，在辽宁省有850人，在内蒙古自治区东部地区有158人，共3768人。如果把中国其他省、市、自治区的日本遗孤计算在内，日本遗孤总数当在4000人以上。日本儿童在被遗弃时，不仅遭遇了与亲生父母生离死别的人间惨剧，而且大多挣扎在死亡的边缘，因此，他们是不幸的。中国养父母在自己深受日本侵略之害、生活十分艰难的情况下，以博大的胸怀，接纳了这些日本儿童，并含辛茹苦地把他们抚养成人，因而，这些日本遗孤又是幸运的。

收养敌人的孩子，在一般人看来是有悖于常理的，但在中国却实实在在地发生了，只有从中华民族的博大胸怀和中国人民的善良爱心上，才能解释这一古今中外战争史上的罕见现象。基于此，才会有中国共产党领导的八路军将领聂荣臻于1940年收养日本孤儿美穗子小姐妹的感人故事；基于此，才会有中国国民政府在1945年日本战败投降时发布的“不以暴易暴”的声明；基于此，才会有中国普通民众对日本难民的各种救助；基于此，才会有中国养父母自发拯救日本遗孤的行动；基于此，才会有新中国成立后中国政府对日本遗孤政治上信任、生活上照顾、工作上重视，使他们，同样享受到家庭的温暖、社会的关爱和国家的保护，健康幸福地成长起来。

聂荣臻将军照顾被日军遗弃的美穗子

幼年时的日本遗孤

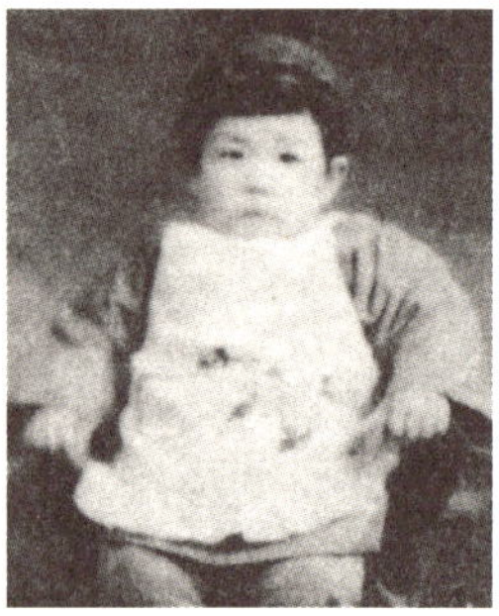
翟美荣

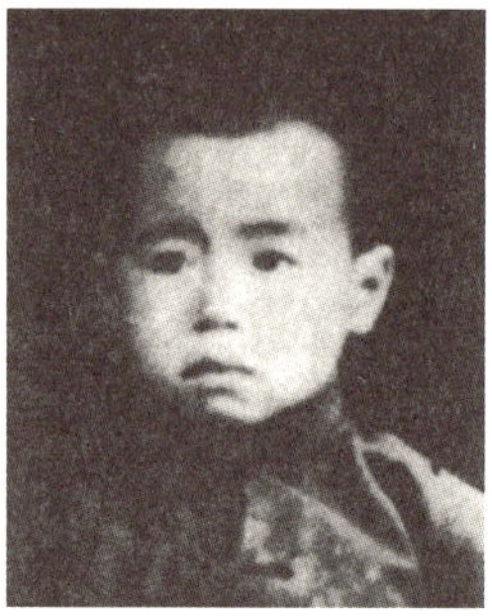
董祚贵

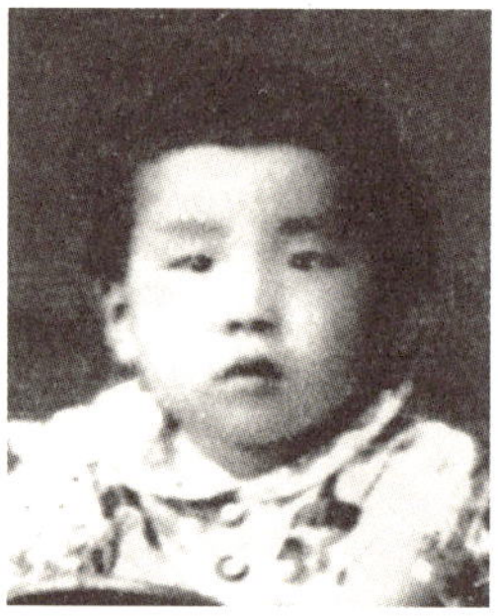
冯彬

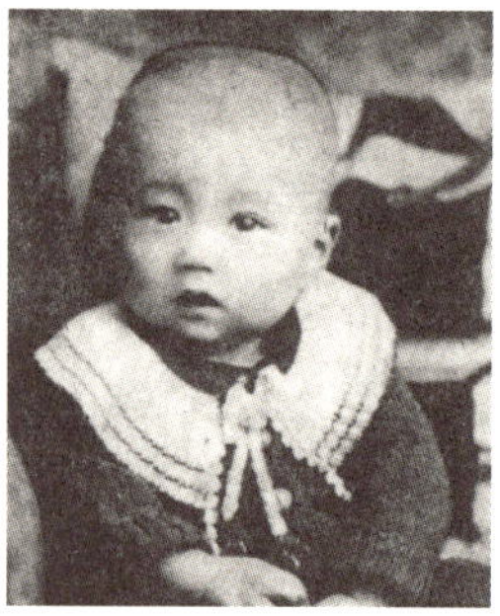
阎成德

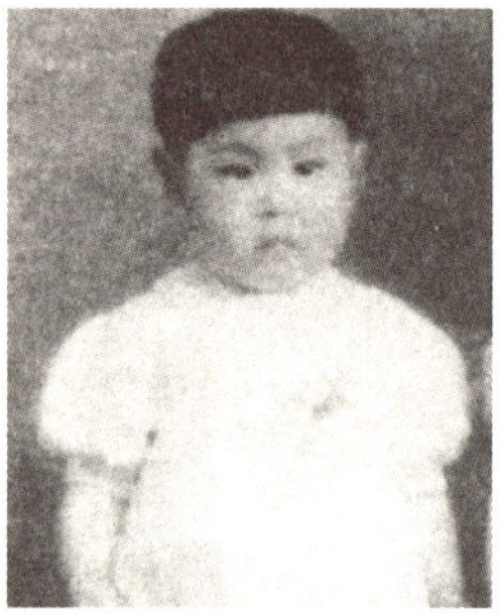
王治国

张广生

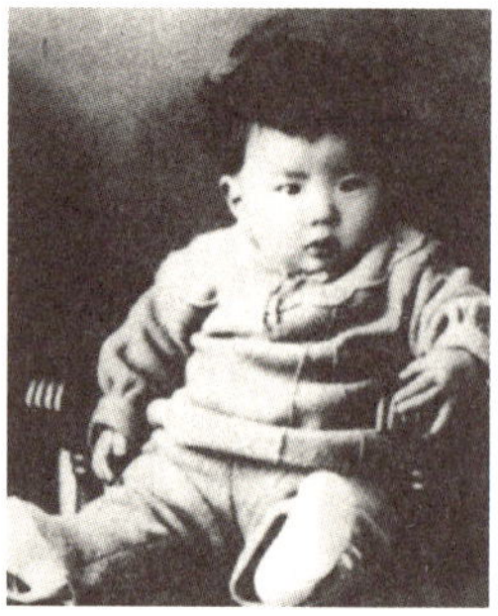
张桦

李荣

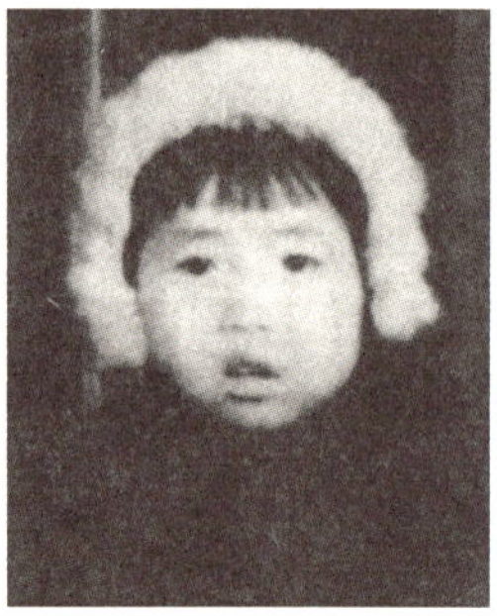
辛敏

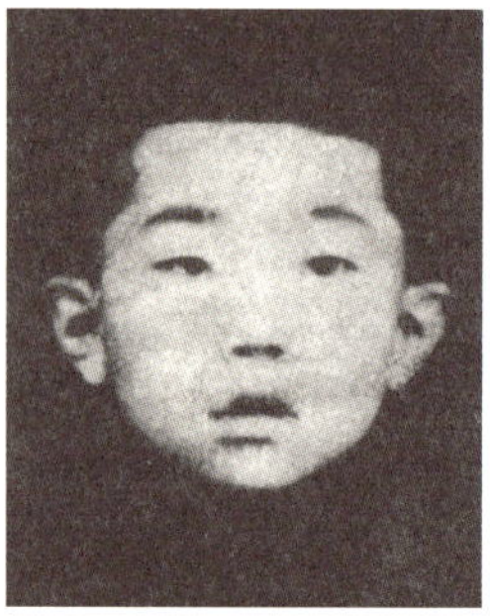
林有发

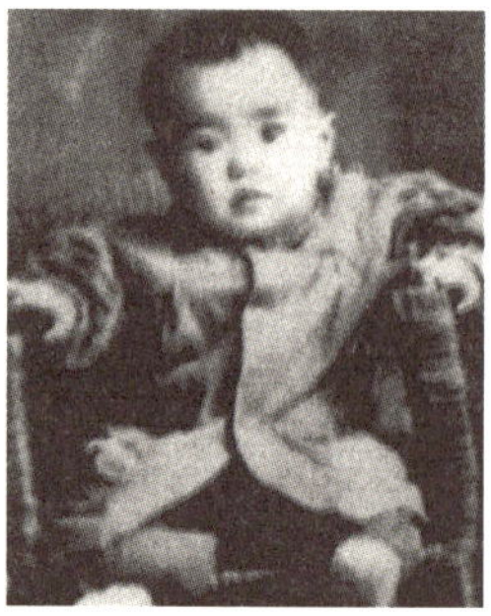
王雅君

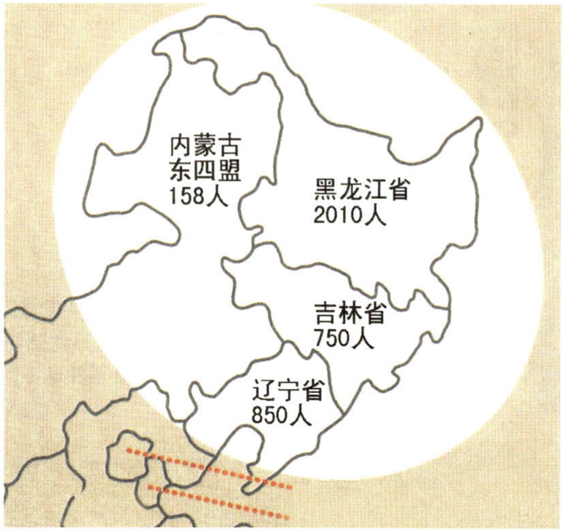

截至2000年，中国东北三省和内蒙古自治区东四盟日本遗孤总人数示意图

少年时的日本遗孤

王爱志

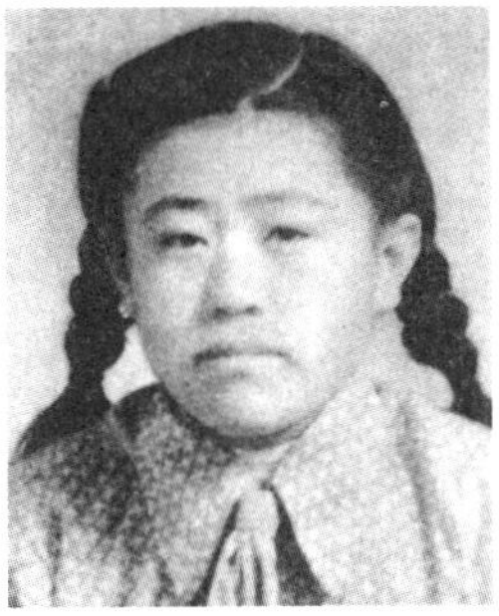

王腊凤

张秀兰

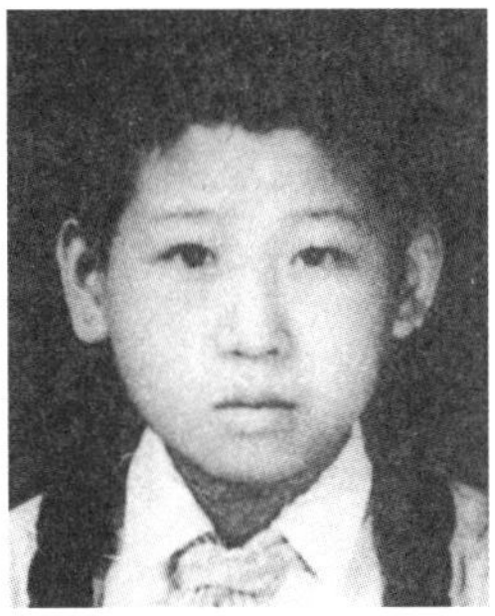

姜荣花

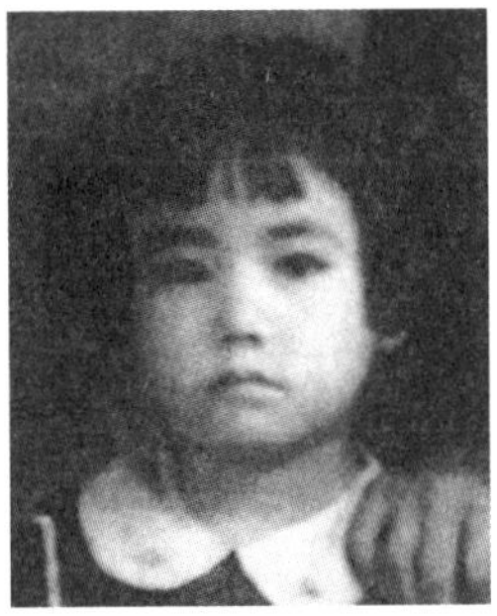

张素凤

秦秀娟

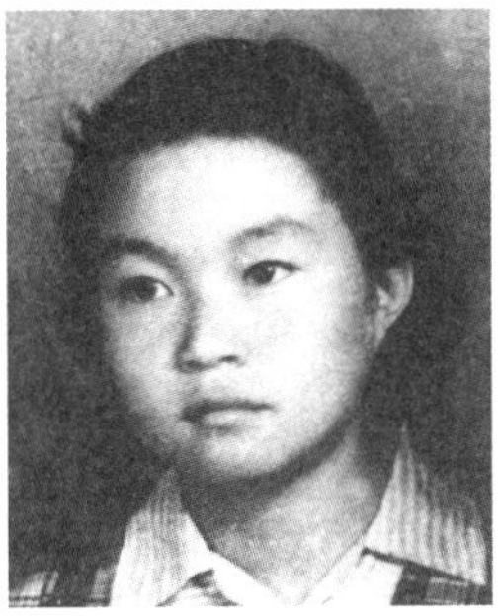

古莲云

徐红

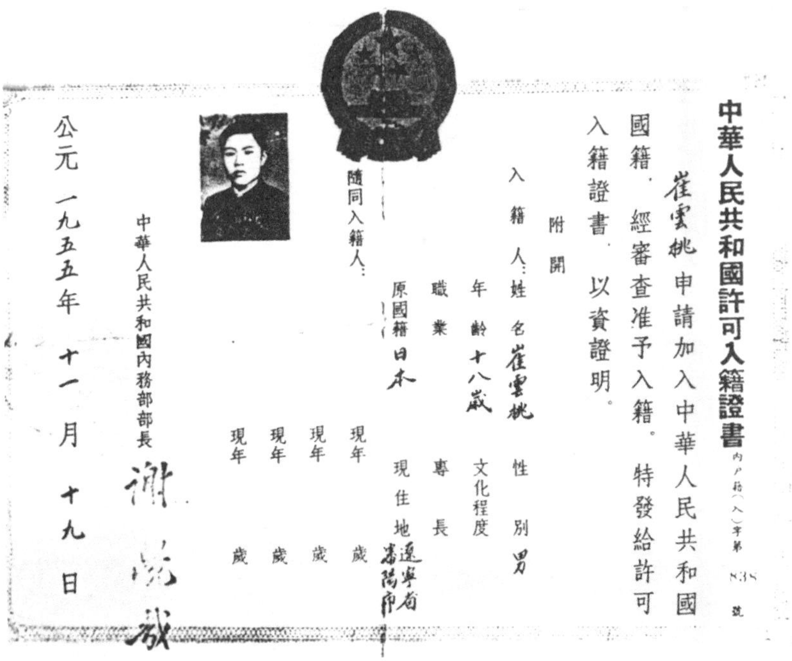

中華人民共和國許可入籍證書 内户籍（入）字第838號

崔雲桃申請加入中華人民共和國國籍，經審查准予入籍。特發給許可入籍證書，以資證明。

附開

入籍人：姓名 崔雲桃 性別 男

年齡 十八歲 文化程度

職業 專長

原國籍 日本 現住地 遼寧省瀋陽市

隨同入籍人：

現年 歲

現年 歲

現年 歲

現年 歲

中華人民共和國内務部部長 謝覺哉

公元一九五五年十一月十九日

日本遗孤加入中华人民共和国国籍证书

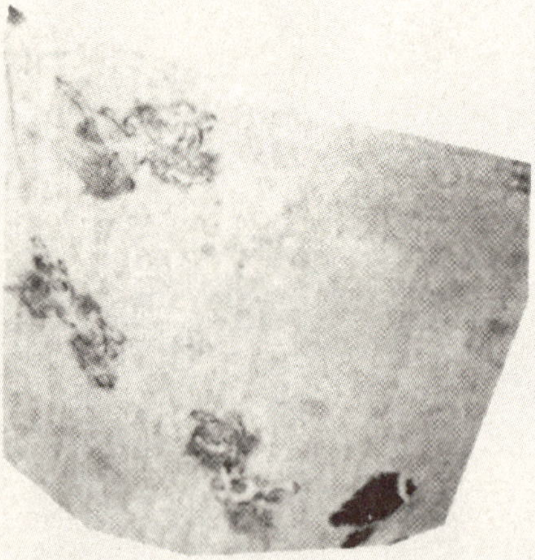

云南省下关市日本遗孤徐凤智和她在黑龙江省佳木斯市车站被收养时携带的布

新疆维吾尔自治区日本遗孤梁广兴和他在黑龙江省哈尔滨市被收养时随身携带的皮箱和毛毯

黑龙江省延寿县日本遗孤郭玉芝和她被收养时携带的银镯

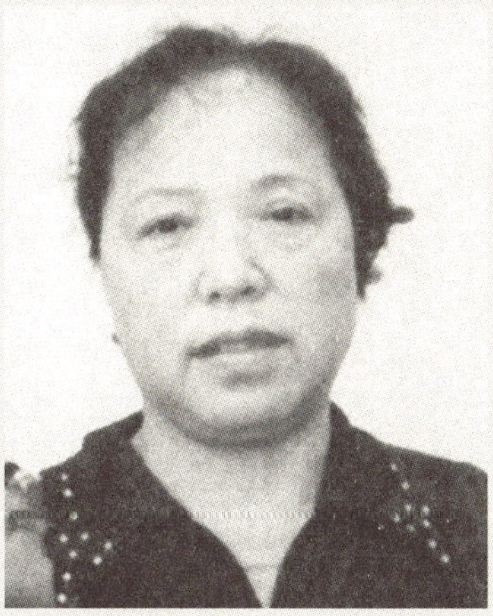
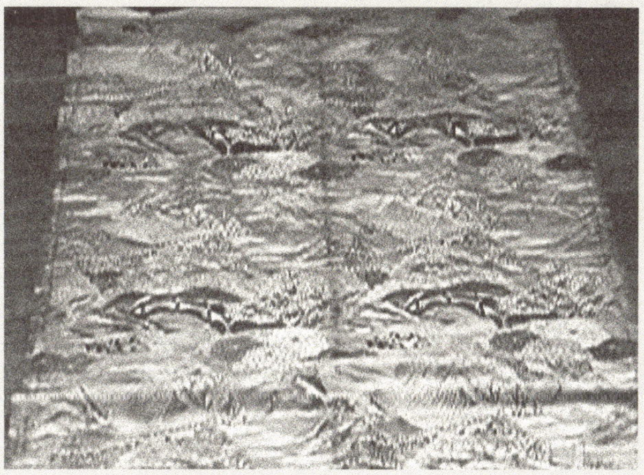

黑龙江省佳木斯市日本遗孤范姝瑶和她被收养时的包布

黑龙江省依兰县日本遗孤孙桂英和她儿时与父母的照片

辽宁省辽阳市日本遗孤卢玉兰和她保留的生父小松鹤十照片

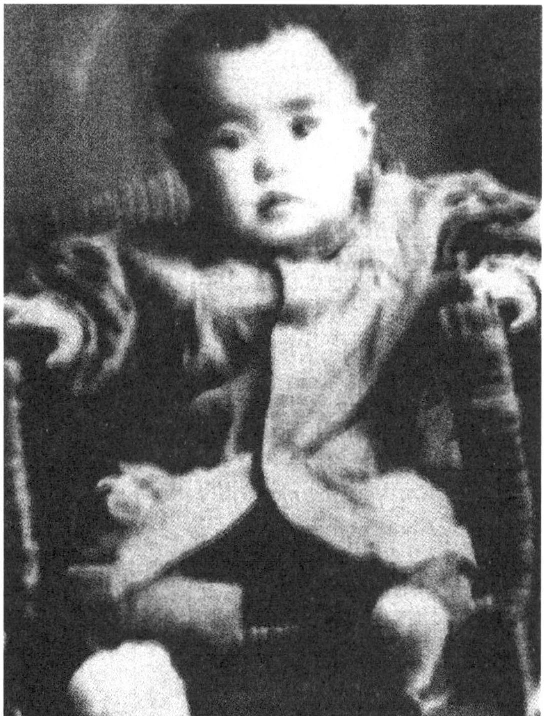

吉林省长春市日本遗孤王雅君和养父母为她保留的生父春日隆一照片

辽宁省大连市日本遗孤刘丽华与养母

辽宁省沈阳市日本遗孤解永星与养父

吉林省敦化市日本遗孤董云英与养母

吉林省长春市日本遗孤杜冬梅与养父

日本遗孤是个特殊群体。首先，从国籍法上看，他们是中国公民，但又不是一般的中国公民。他们是加入中国籍的具有日本血统的特殊中国人。日本遗孤中相当多的人在20世纪五六十年代获得了国务院颁发的“中华人民共和国国籍证书”，成为中国公民；也有一些当时不知道自己身份的日本遗孤，自动加入中国国籍。其次，在社会性概念上，所谓“孤”，是有特定含义的，一般指父母双亡的未成年人，而日本遗孤名为“孤”，实则不孤，并且较之一般的孩子们有更多的双亲，也就是说，他们中有的不仅生身父母有可能健在，而且养育他们的中国父母也都健在，因此孤儿不孤。再次，就历史性概念而言，日本遗孤表明当时他们遗留在中国时的年龄状况。从现实来看，当年的日本孤儿，早已为人父母，很多人已有孙辈，再以“儿”来论也欠妥当。在日本他们开始被称为“中国未归还同胞”，这容易让人理解成中国人抢了日本人的孩子。中国提出异议后，日本又将其改称为“中国残留孤儿”“中国残留邦人”，这样一些叫法也缺少历史准确性，而以汉语中的“遗孤”来称呼则较为准确。最后，从文化上来讲，日本遗孤在语言文字和生活习惯上已经中国化。他们在中国生活几十年，学的用的都是汉语及中国少数民族语言，母语基本遗忘或不会，其日常生活也受中国传统文化影响，可以说他们已是中国化的日本血统人。

日本遗孤被收养情况千差万异，既有相同血缘的兄弟姐妹被几个中国家庭收养，亲兄弟姐妹分散于不同地区，又有数个不同血缘的日本遗孤被同一个中国家庭收养。在东北三省和内蒙古自治区东部地区，兄弟姐妹二人同被遗弃的共有188组；兄弟姐妹三人同被遗弃的共有38组；兄弟姐妹四人以上同被遗弃的共有10组。

辽宁省阜新市日本遗孤王淑清（日本名尾川美波）回忆说：

“我与妹妹王淑荣（日本名尾川智江）出生在日本国。我们姐俩于1941年9月中旬随生父母来中国，我的父亲尾川谦作在阜新炭矿株式会社孙家丸矿业所工作。‘八一五’光复后，我的父母和哥哥于1947年回到日本国。在他们回国前，把我送给了中国人汤凤岐为养女，并立下了收养的字据，将妹妹尾川智江送给中国人赵云朋为养女。后赵云朋的妻子病故，汤凤岐又将尾川智江收养为女，当时我们姐妹俩的中国名字为汤淑清、汤淑荣。1950年，汤凤岐病故，我们的养母刘桂兰改嫁给高德矿的老工人王慧芝，我们姐妹俩也随养母到了王家，改名为王淑清、王淑荣。”

吉林省通化市日本遗孤刘淑珍讲述道：

“在我不记事的时候，父亲就抱着我渡过大海，来到中国东北通化市，父亲在一个学校当教员，妈妈在家料理家务。不幸的是，父母亲在1945年相继去世，我和弟弟成了无依无靠的孤儿。深秋的一天，一个拣破烂的中年人，路过我们家门口时，听到了我和弟弟的哭声，当他得知我们是日本孤儿时，便一声不响地走到我们跟前将我们带走。从此，我们姐弟不再是孤儿了。养父给我们起了中国名字，我叫刘淑珍，弟弟叫刘克明。”

辽宁省阜新市养母刘桂兰收养的日本遗孤王淑清、王淑荣姐妹

内蒙古自治区乌兰浩特市日本遗孤乌力吉勒图（日本名竹田实）回忆：

“1945年8月的一天，我被一个看瓜的老人领到王爷庙，找到在东蒙旅店当掌柜的吴凤岐。看瓜老人对他说：‘老五啊，这个孩子是我在瓜地里捡的日本崽儿。孩子没作孽，可我养不活他，更供不起他念书。你就可怜可怜这孩子吧，留在你身边，好歹能有口饭吃。’吴凤岐看看我，又摸摸我的头，对看瓜老人说：‘老叔，这孩子交给我吧，一个是养，两个是养，三个也是养，总不能把他们都掐死啊！’看瓜老人照我的后背按了一下，说：‘还不跪下叫爹！’于是我跪在吴凤岐面前，亲亲切切地叫了一声‘爹！’我的名字从此由‘竹田实’变成‘乌力吉勒图’。当时吴凤岐已收养了日本遗孤永久保盛茂、永久保刚安哥俩。”

被中国黑龙江省不同家庭收养的日本遗孤刘秀清、刘秀凡姐妹

被中国辽宁省沈阳市不同家庭收养的日本遗孤杨芳秀、李忠志、杨来升姐弟

内蒙古自治区乌兰浩特市养父吴凤岐收养的日本遗孤永久保盛茂、永久保刚安兄弟

2

养育日本遗孤的中国父母

在极为特殊的历史条件下，中国养父母收养了日本战争孤儿。当时战争尚未完全结束，政府职能未能实施，社会秩序混乱，人民生活困苦。数以万计的普通中国人，以崇高的人道主义精神，自发地伸出援助之手，拯救那些濒临死亡的日本孩子，有的甚至因此献出了自己的生命。这样的壮举，在历代战争史上是空前的。他们所收养的孤儿是曾经掠夺和蹂躏过中国人的外族侵略者的孩子。一般来说，收养本民族的孤儿，是比较容易理解的，但收养敌人的孩子，在感情上是难以接受的。中国养父母收养日本遗孤需要极大的感情转变。有一位养父自己的孩子被日本侵略者杀害，他却收养了一个日本男孩。有一位养母怀孕时被日本警察踢得流产，造成终生不育，却抱养了一个日本女孩。他们说，有罪的是侵略者，孩子是无罪的。我们不能把对日本军国主义的仇恨转嫁到日本遗孤身上。这朴实的话语，道出了中国养父母的高尚情操，体现了中国养父母的伟大与无私。

中国养父母视日本遗孤如同己出，关心备至，体贴入微，双方建立了浓厚的亲情，不是亲人，胜似亲人。中国养父母们为日本遗孤付出了自己的全部心血。只要是为了孤儿，即使牺牲再大，他们也无怨无悔。为孤儿治病，他们不辞辛苦，求医问药；为孤儿上学，他们节衣缩食，亲迎亲送；为孤儿成家，他们费尽心思，倾其所有。有的养父母说，亏了自己行，但不能亏着来自异国他乡的孩子。许多日本遗孤说，养父母对我们有再造之恩，他们精心哺育我们成人，为我们操尽了心，他们的恩情比山高，比海深。

日本遗孤遍布中国东北的白山黑水之间，无论在农村还是在城市，无论是山林草莽还是河边沟壑，无论是田间地头还是车站港口，凡是有需要抚养的日本遗孤，不管是遗弃的还是送养的，不管是健康的还是病残的，不管是男的女的，也不管是长的幼的，中国养父母都予以接纳和善待。有些孤儿生活在大城市，受教育程度高，有些孤儿生活在偏远地区，受教育程度低。地域分布上的广泛性，不可避免地带来孤儿成长环境的差异性。然而不管孤儿所处地区和收养孤儿家庭差别多大，中国养父母对他们的养

辽宁省丹东市日本遗孤马秀兰和养母赵淑华

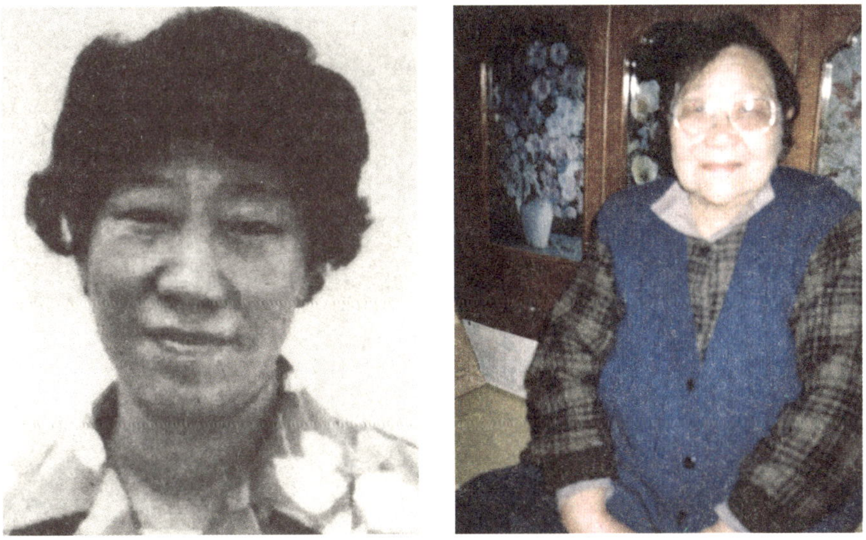

辽宁省丹东市日本遗孤阎溥跃和养母娇亚珍

育均倾注了自己的全部力量。不可否认，当时一些无子女家庭收养日本遗孤，是受养儿防老传统观念的影响，带有一定的利己性。但是绝大多数养父母在收养日本遗孤时自己已有亲生子女，当他们看到嗷嗷待哺的孤儿需要帮助时，只是想救下一条小命，做一件行善积德的好事，动机非常单纯，带有很大的利他性。正因为这种利他性，中日邦交正常化后，大批日本遗孤回日定居时，养父母们不顾自己年老体弱需要照料的实际情况，毅然决然地予以放行。

辽宁省沈阳市日本遗孤的三位养母（左起：侯淑芳、王淑香、赵瑞芝）

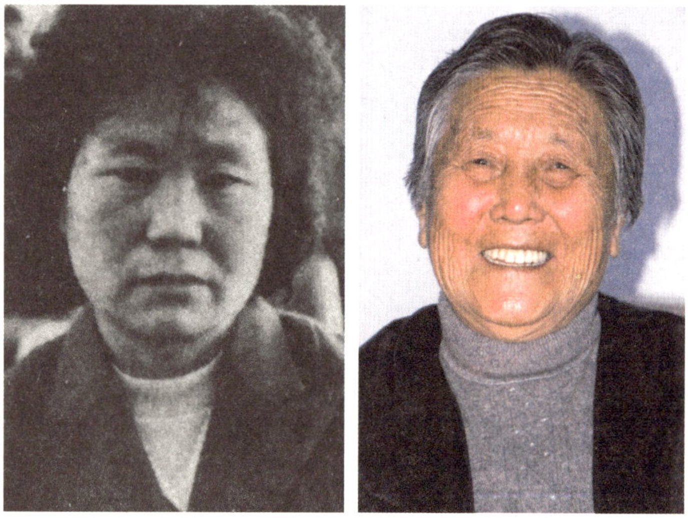

黑龙江省哈尔滨市日本遗孤郭新华和养母马凤琴

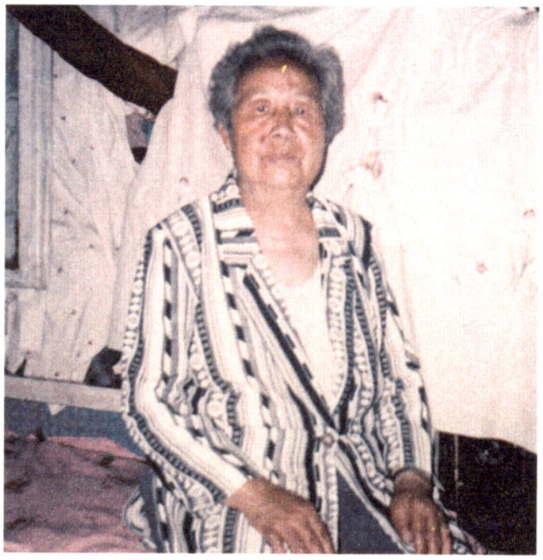

黑龙江省哈尔滨市日本遗孤小岛登美子的养母宋梅兰

吉林省长春市日本遗孤的三位养母（左起：曾秀兰、李淑贤和张云芳）

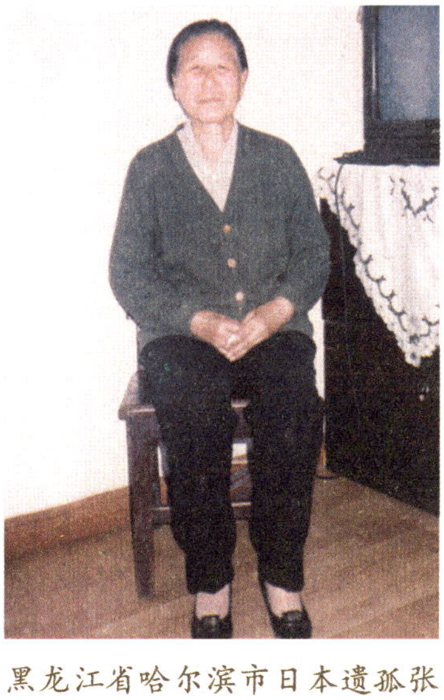

黑龙江省哈尔滨市日本遗孤张广信的养母谢桂琴

吉林省长春市中国养父母楼中的部分日本遗孤养父母

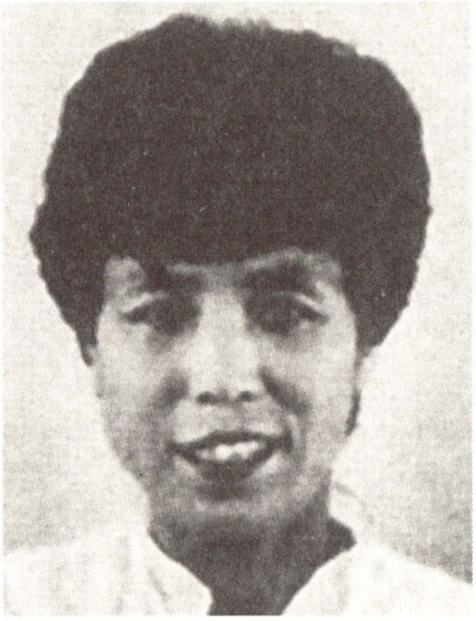

黑龙江省哈尔滨市日本遗孤洪静茹和养母沙秀卿

黑龙江省方正县日本遗孤鲁德坤的养父鲁万付

黑龙江省哈尔滨市日本遗孤龙凤云的养父龙宝珠

黑龙江省哈尔滨市日本遗孤石金峰养父母石尚金、刘淑琴夫妇

黑龙江省哈尔滨市日本遗孤孙桂英、孙桂凤的养父孙殿顺说：

“1946 年 3 月，我的一个亲戚去日本人屯子用两床被换来两个女孩，她们是姐妹，大的 10 岁，小的 8 岁。我要了那个大的，亲戚家要了那个小的。我们两家住前后院，姐俩仍然在一起玩，往往不是在我家吃饭，就是在亲戚家吃饭，纵然生活在不同的人家，她俩仍可朝夕相处，每天过得都很开心，吃不愁，穿不愁，睡得香。两三个月后，我亲戚一家得上传染病，两口子不久就死去了，妹妹就合并到我家。1946 年的冬天，她们的生父母要回日本国，没有回国的路费，找到我家。我把自己积攒的几千元钱给了她们的父母。那时，中国人的生活也不容易，挣不了几个钱。再后来，有人向我要这两个孩子，我怕她俩一旦被分开，就难再见面了，于是我没把她俩给别人，再苦再难我也能挺过去，把两姐妹养大。”

黑龙江省哈尔滨市日本遗孤孙桂英、孙桂凤的养父孙殿顺

黑龙江省依兰县土城子乡新丰村农民胡万林讲述道：

“1938 年 9 月，日本开拓团来到依兰县，强行收取中国人的房照和地照，不给就放火烧房子。村里的老百姓不愿离开家园，便跑到附近一座大庙里暂避，结果被日本鬼子包围起来，用刺刀全挑死了。第二天，我和王刚、卢泰山三个人干了一天，才把尸体掩埋完。日本人放火烧村的时候，我哥哥的一个孩子藏在大缸里，回去一看，早就闷死了。我后来在一座小山坡上挖了一个地窖子，有一次，日本兵在我家地窖子上站岗，将压在房盖上的木头蹬下来，砸在我儿子的头上，孩子当时就砸死了。1945 年秋天，靠山屯开拓团一个叫大谷的人，领一个日本小男孩，对我说孩子的父亲被征兵了，母亲从密山开拓团撤下来，病得快不行了，孩子的腿也烫伤了，没法往前走了，想请我帮助照看一下。我当时二话没说，就答应下来。村里那么多人被日本人杀死，我自己的孩子也被他们害了，要说我不恨日本人那是假话，但我恨的是那些杀人放火的禽兽，而不是不懂事的孩子。”

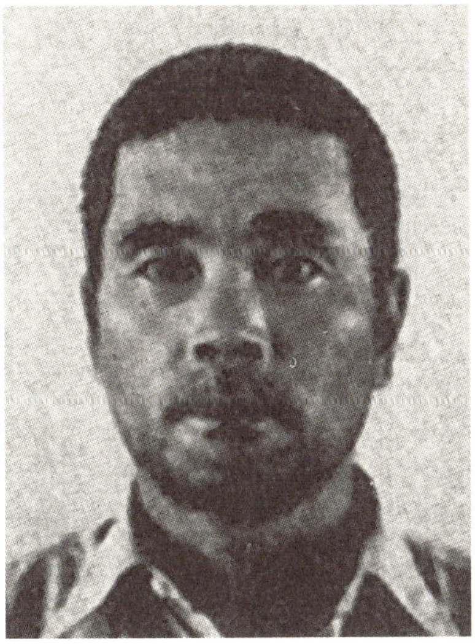

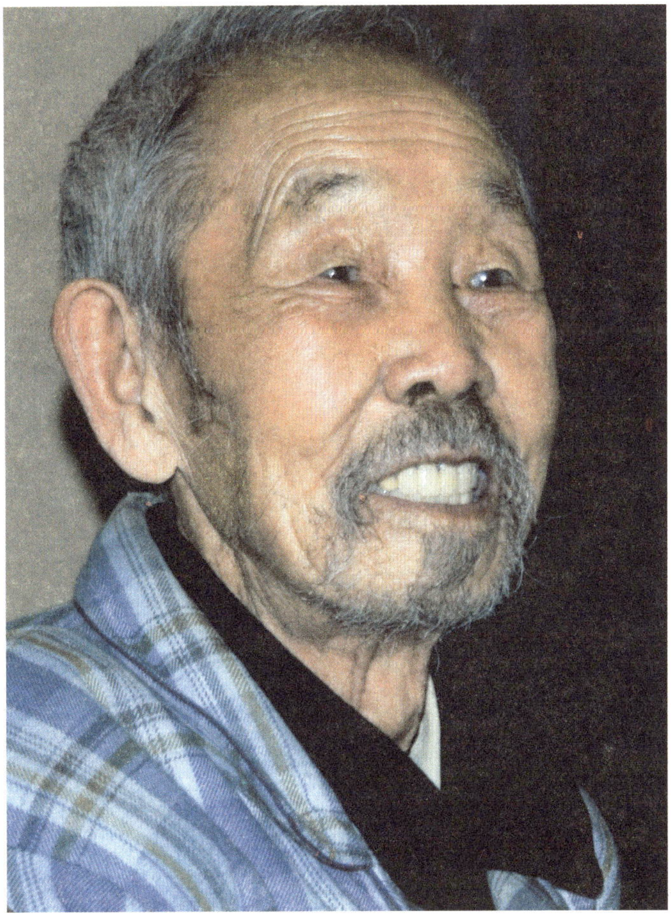

黑龙江省依兰县日本遗孤胡延增
与养父胡万林

居住在吉林省长春市中国养父母楼的李淑贤老人讲述道：

“我和老伴徐凤山是1943年‘闯关东’从山东来到伪满新京（今吉林省长春市）的。有一天我拖着五六个月的身孕到当时日本桥一带卖鸡蛋，被一个穿大皮靴的日本宪兵拦住，那家伙一脚把我的鸡蛋筐踢翻了，在我弯腰捡鸡蛋时，他又向我的腹部狠狠踢了几脚，当时我昏了过去，回家以后就流产了，并落下了病根，造成终生不育。没想到我后来却与日本人结下了不解之缘，而且是个善缘。1945年秋天的一个中午，拉洋车的老赵在垃圾堆边捡到一个日本孤儿，要送到我家跟前的‘万字会’孤儿院，碰巧院长不在，便问我家老头要不要。我听说是日本人的后代，就想起那个日本宪兵的狰狞面目和他脚上的那双大皮靴，赶紧对老头说，‘日本小孩，不要！不要！’这时老赵洋车上的孩子突然哭了，这下子我心软了，忙把孩子抱过来，紧紧搂在怀里。天下婴儿的哭声是一样的，女人听到孩子哭时的心情也是一样的，谁让咱是女人，看到日本孤儿的小可怜相，听到那无助的哭声，当时什么仇啊、恨啊，都忘了。我就这样收养了一个日本小女孩，并给她取了一个中国名字，叫徐桂兰。”

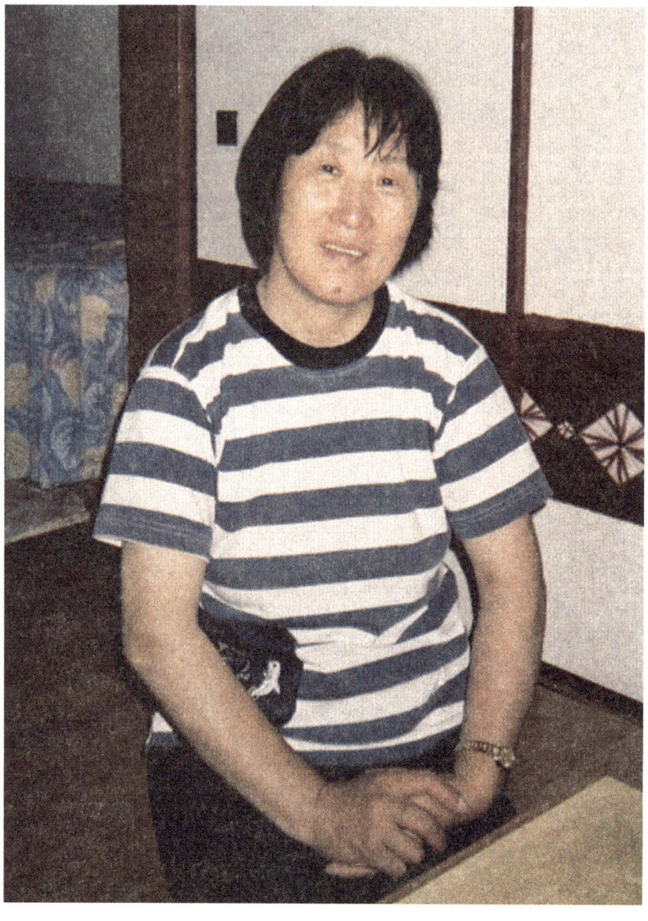

吉林省长春市日本遗孤徐桂兰（日本名青山百惠）与养母李淑贤

黑龙江省佳木斯市日本遗孤范姝瑶与养母相依为命数十载，但养母张福清很少讲述当初收养她的经过，因为老人心里有切肤之痛。原来在收养范姝瑶三天后，她的养父就被日本人杀害了。范姝瑶讲道：

“我是在出生102天时被我的生母所遗弃。当时生母带着我随开拓团撤退到依兰县后已精疲力竭了，就用一块和服横带包着我，放到路边。碰巧被养父张富平赶车路过时发现，就将我抱回家中。没想到三天后，一伙撤退的日本军人强迫养父为他们拉东西，并扣留马匹。当养父等三名中国人向他们索要时，却被他们残酷地杀害了。养父被害的消息传来后，张家人都说我是丧门星，反对养母收留我。我的养母不但没有把丧夫之恨转嫁到我身上，而且顶住了家族的压力，像对待亲生女儿一样，为我喂奶、喂饭，使我很快恢复了健康。后来，养母为使我更好地成长，改嫁到范家，并给我取名叫范姝瑶。养父救了我的命，自己却丧了命，养母忍受着巨大的痛苦，顶着家族的压力，将我这个刚过百天的日本弃婴抚养成人，他们的大恩大德，我永世不忘。如今养母90多岁了，一直和我生活在一起，今年（2005年）我们全家将定居日本，我就是背也要把养母背到日本，我要服侍她老人家一辈子。”

黑龙江省佳木斯市日本遗孤范姝瑶与养母张福清

3

人道与博爱的赞歌

中国养父母的宽阔胸怀和养育孤儿所付出的无限艰辛，博得了中日两国各界人士的高度赞扬。1984 年 10 月 15 日，日本厚生省大臣渡部恒三在哈尔滨市会见日本遗孤的养父母时说："各位中国养父母，在过去很长的时间里，你们经历了难以形容的艰辛，以充满慈爱的心情，把被遗弃的日本孤儿抚养长大。我代表日本人民向各位表示由衷的谢意。"他还说，"日本有句谚语：'养父母比生父母更亲。'日本政府和国民不会忘记中国养父母对日本孤儿的养育之恩。"1981 年 10 月，日本兵库县海外同友会友好人士在拜会吉林省政府官员时说："我们对中国抱有尊敬的感情。中国对日本孤儿给予人道主义待遇，充满友爱，这在世界上是少见的。报答中国政府和中国人民对日本孤儿的养育之恩，促进日中人民的友谊，是我们海外同友会的宗旨之一，我们要为推进日中友谊的发展更加努力地工作。"他们的这些话，是对中国养父母的赞颂，更是对中华民族博爱精神的赞扬。

原中国社会科学院哲学研究所研究员、《哲学研究》副总编刘奔（日本名原博昭）是留华未归的日本遗孤。1945 年秋，在黑龙江省勃利县火车站，被中国人刘文富、宫淑云夫妇收养。1948 年，刘家迁居辽宁省西丰县。1961 年，刘奔考入吉林大学，毕业后在吉林省辽源市当老师。1978 年，他又以优异成绩考入中国社会科学院攻读研究生，毕业后留北京工作。1985 年，刘奔参加了第七批赴日寻亲团。临行前，他对养父母说："儿子这次去日本寻亲，无论寻到与否，都会回到你们身边，我是你们的亲儿子。"在日本期间，刘奔找到了自己的亲生父亲原谨吾，厚生省也同意他去日定居。但刘奔还是回到了北京，并给生父写了一封信。他在信中叙述了养父母抚养自己的经过，表示想继续留在养父母身边生活。刘奔找到了亲人，却放弃去日本定居，有人感到不解。对此，刘奔回答："我虽是日本人所生，但养育我的却是中国父母，尽人子的孝心和责任，不仅是感恩，也是道义和历史赋予我的义务。另外，我的事业在中国，我喜欢哲学，我不愿抛弃我的专业，我的人生价值只有在中国才能更好地体现。"

儿时的刘奔与姑母

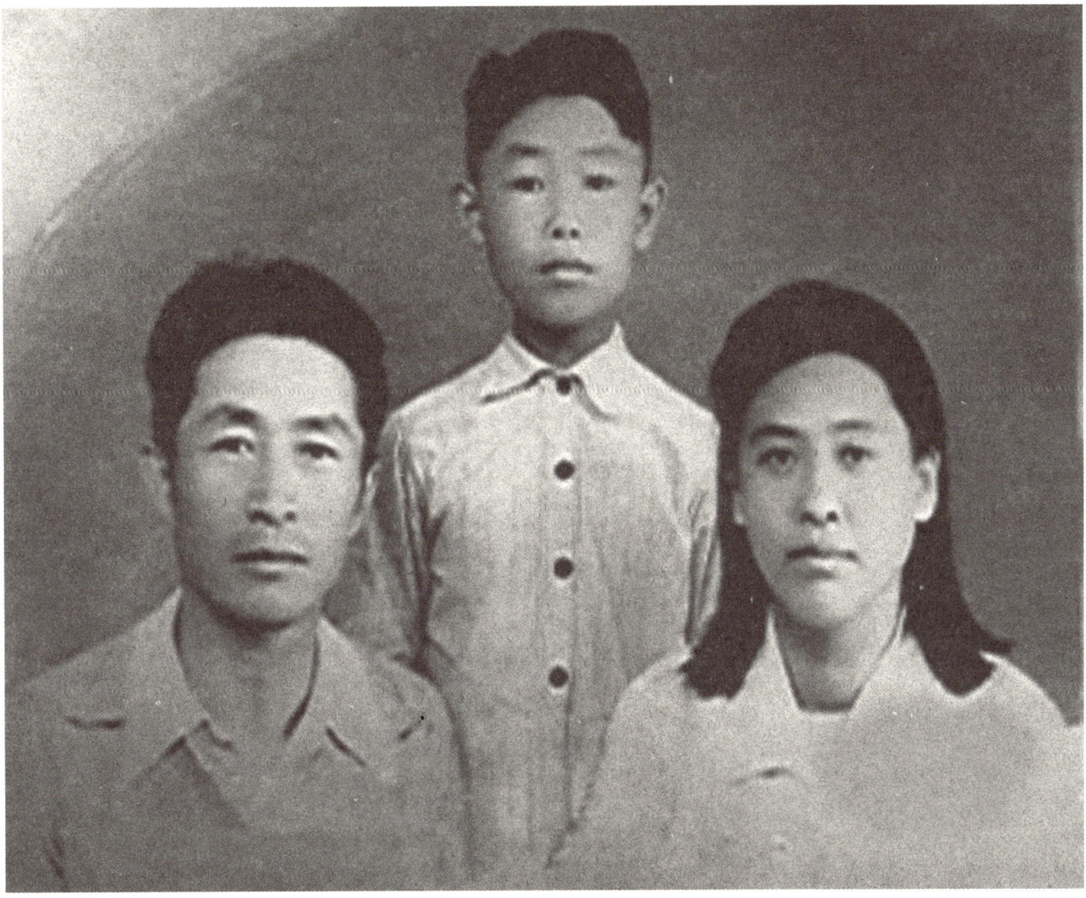

少年时的刘奔与中国养父母

青年时的刘奔

刘奔与养父

刘奔与生父

1985 年，刘奔去日寻亲

在中国社会科学院工作的刘奔

刘奔 系辽宁省西丰县人，
一九四二年八月十七日生。在
我院已通过硕士学位的课程考
试和论文答辩，成绩合格。根据
《中华人民共和国学位条例》的
规定，授予哲学硕士学位。

刘奔获得的中国社会科学院哲学硕士学位证书

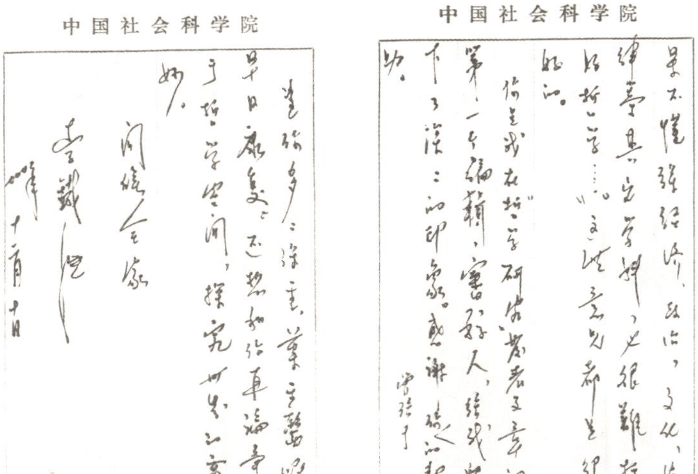

刘奔患病期间中国社会科学院院长李铁映致信慰问

日本遗孤席静波既有收养他的养爹娘，又有抚育他的养父母。为了养娘和养母，他至今留在中国。他讲述道：

“我是东北民主联军从死人堆里救出来的日本遗孤。在行军路上，战士们轮流背着我、哄着我。部队在黑龙江省林口县刁翎镇休整期间，将我转送给张克山夫妇。张克山夫妇不但给我治疗被蚊虫咬坏的手脸，而且每天用热汤细米喂我，对我像亲生孩子一样。张家的邻居席君山、郎淑媛夫妇，三十开外，仍膝下无子。他们见张家抱了个日本孤儿，便向张家提出想收养我。在席家的恳求下，张家忍痛答应下来。这样，我被转到席家收养，取名叫席静波。1955 年我从刁翎小学考入林口中学，席家为供我读书，将家里仅有的一间房子卖掉。后来我在勃利中等师范学校就读期间，患上严重的紫癜症，被迫辍学回家。养父母日夜守护在我的身边，给我擦身体，揉肚子，喂汤喂饭，精心照料。经过一年的医治，我终于痊愈上学了。1961 年 8 月中师毕业，我被分配到黑龙江省依兰县三中任教。1963 年底，为照顾养父母，我主动要求回家乡刁翎小学。半年后，我又被调到刁翎中学，在这里一直工作了 20 多年，先后担任过数学老师、教导主任。1981 年，我加入了中国共产党，1983 年，我被提拔为刁翎中学校长，1985 年，我被评为‘黑龙江省优秀教师’。1987 年 4 月，我调到林口县教委任副书记，1992 年兼任教委副主任，后任教育局长。养父于 1972 年病逝。为表达对养父的思念，每逢年节，我都要带妻子、孩子从县

儿时的席静波

收养席静波的养娘

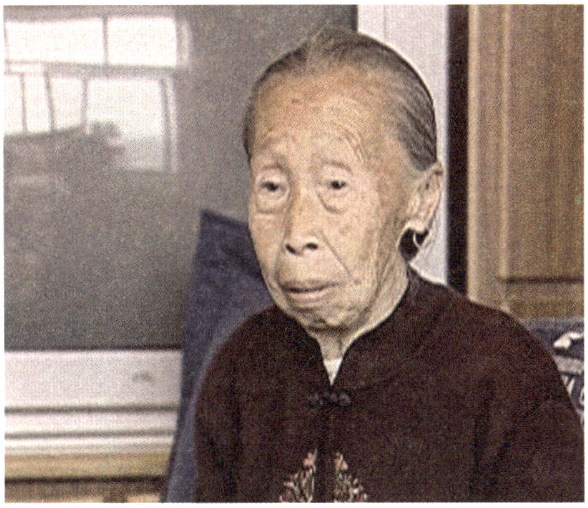

抚养席静波的养母

席静波在家中

1986 年，去日寻亲的席静波

城赶回刁翎养父茔地，扫墓献花，寄托哀思。而每次去刁翎，我还要去我的养爹张克山墓前祭拜，以谢往日养育之恩。我和张娘感情特别深厚，一直称她娘，从不改口。多年来席张两家关系很好，我这位日本遗孤，就是他们之间的纽带。1986 年 2 月，我参加了中日两国政府组织的第十批日本遗孤寻亲团，可我没有找到亲人。在日本 20 天的观光过程中，语言不通，举目无亲，生活方式也不习惯，孤寂感时时向我涌来。很快，我飞回了中国。一进家门，养母一把抱住了我：'我的儿呀，你可回来了，把妈想死了。'我含着眼泪对她说：'妈，我再也不去了。没有中国人民就没有我，没有养父母的抚育也没有我的今天。别说我没找到日本亲人，就是找到了，我也不会留居日本的，我要陪在您老人家身边一辈子。'"

席静波在黑龙江省勃利中等师范学校的毕业照

席静波的工作照及其获得的各种荣誉证书

吉林省长春市日本遗孤杜冬梅（日本名盐原初美）在她的回忆文章中写道：

“1945年日本战败后，我母亲和姨母从黑龙江省佳木斯市逃亡到长春。不久我母亲死了，姨母无能力抚养我，将我送给了现在的养父母。当时我3岁，还不会走路，骨瘦如柴，患有严重淋巴结核。养父母为医好我的病，到处求医问药，想尽各种办法为我增加营养。慢慢地，我的病有了好转，但颈下的疮口并没有完全愈合。养父为我买了进口链霉素，共打了20多支，一直到我10岁左右的时候，溃烂的地方都封了口，病才完全好了。我6岁那年又患上了肺结核，没钱治病，养父每天早晨背我到公园去散步，锻炼3个多小时，回家后又饿着肚子去上班。在那艰苦的年代，不懂事的我还向妈妈要大果子，妈妈几乎跑遍长春市也没买到大果子，最后用半个金戒指换一根麻花回来。我的养父母是文盲，但他们渴望自己女儿能有机会上学。在养父母和老师的关爱下，我顺利读完了小学、中学。高中毕业后，我看到家庭生活不富裕，不准备考大学，可养父知道了很生气，说我拼出老命也要供你。我于1961年以优异成绩考入吉林医科大学。大学毕业后，养父母为我操办了婚事。婚后，我们一直与养父母住在一起。1979年，我找到了在日本的亲生父亲。我去日探亲后，养母听说我的亲生父亲对我不好，急瞎了一只眼睛。我去日定居一年后，将养父母接到日本。养父去世后，我又把老人的骨灰送回中国。2004年，90高龄的养母提出回中国长居，我们便带养母回到长春，并购置一套新房，与老人共同生活。”

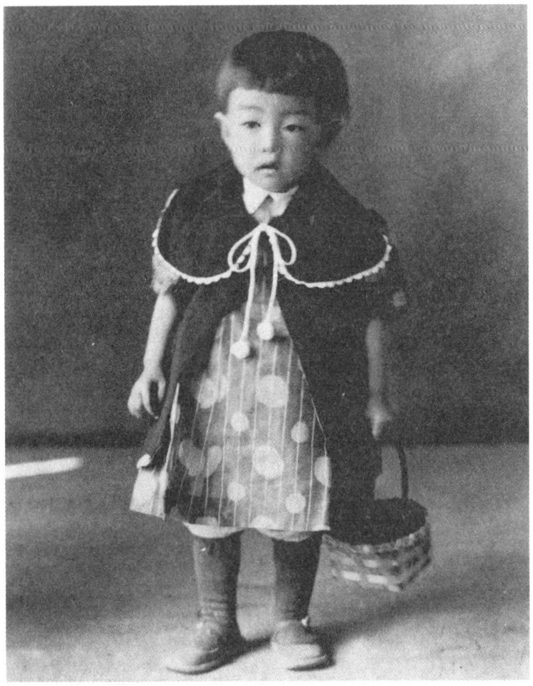

幼年时的杜冬梅（1）

幼年时的杜冬梅（2）

杜冬梅的养父母

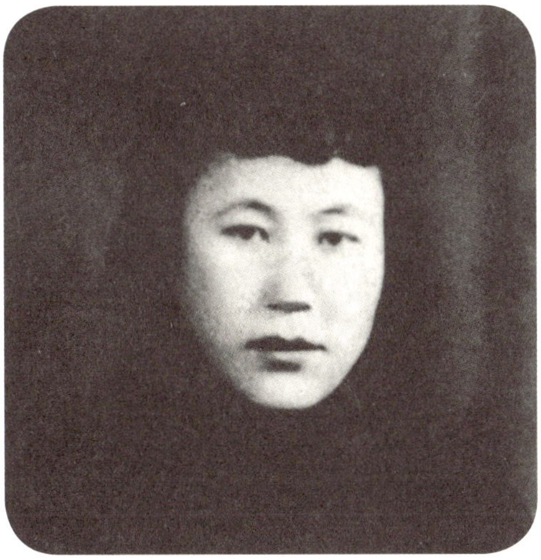

杜冬梅的养母

少年时的杜冬梅与养父母

杜冬梅与生母

青年时的杜冬梅夫妇

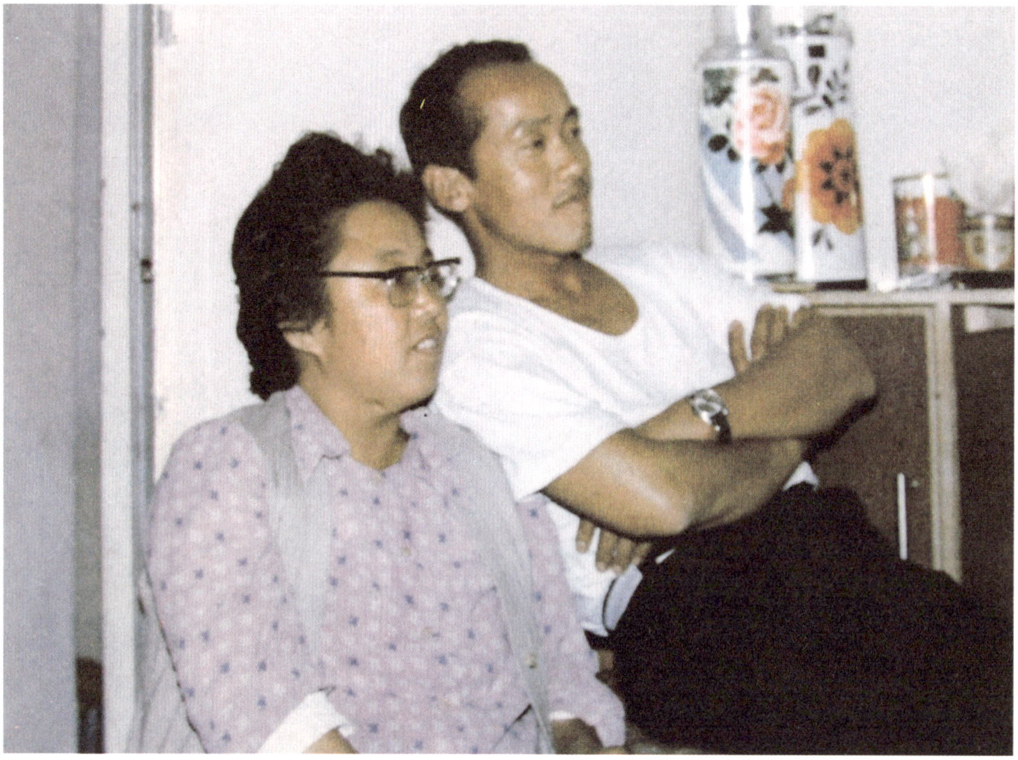

中年时的杜冬梅夫妇

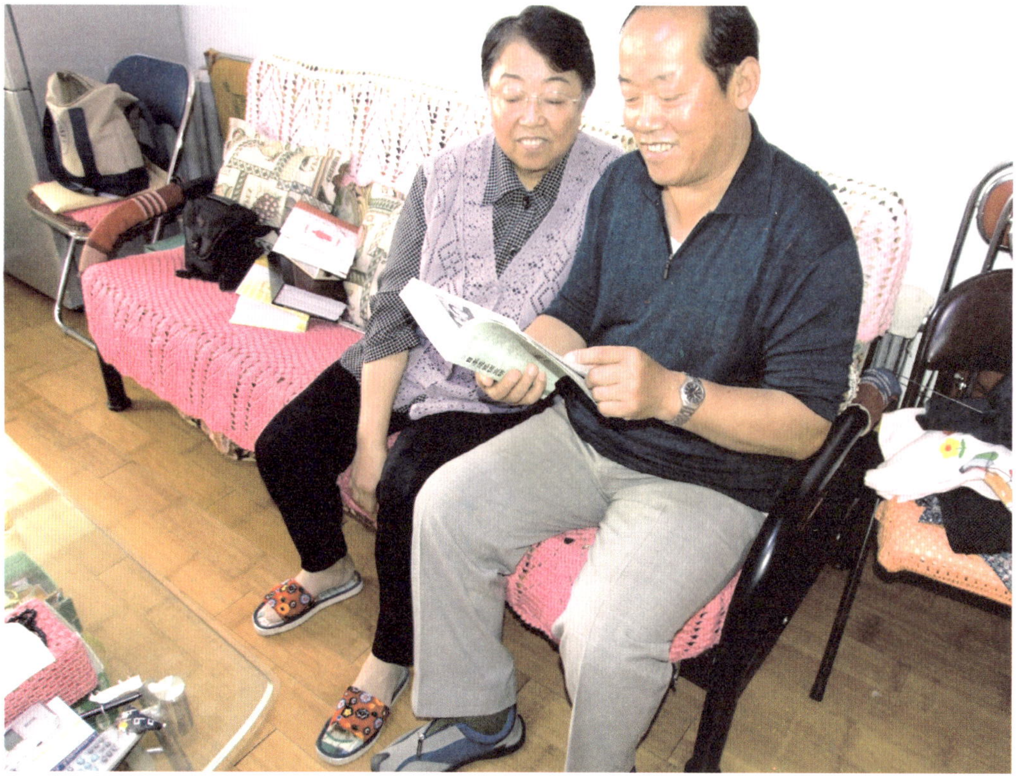

回日定居的杜冬梅夫妇携养母返回吉林省长春市家中

杜冬梅照顾养母

杜冬梅夫妇与养母

杜冬梅一家与养父母在日本

杜冬梅夫妇与中国养父母楼中的部分养父母

杜冬梅养母辞世

杜冬梅为养父修墓立碑

日本遗孤汪振山讲述：

"1937 年，我们一家 6 口人随日本开拓团从长野县来到黑龙江省密山县南五道岗村，我父亲在开拓团里当教师，母亲当牙义（工种名称）。1940 年 12 月，我出生在中国。日本战败投降后，我们一家人从哈尔滨逃难到沈阳，住在沈阳南站的日本难民收容所。我和二姐没几天就都病了，我的亲生父母为了让我俩活命，分别将我们送给了两个中国家庭，就这样，我来到了汪家。几十年来，养父母含辛茹苦地把我养大成人，供我读书，还为我操办了婚事。大学毕业后我被分配到辽宁省林业厅工作。1981 年被评为工程师，1984 年，我加入中国共产党，1985 年 6 月，我被提升为造林处处长，1989 年，被调到森林治安处当处长，并担任林业厅直属党委委员和支部书记。1982 年，我参加了第二批日本遗孤寻亲团，经过科学鉴定，我与日本长野县下伊那郡豊丘村的向田先生确定了父子关系。我于 1983 年去日本探望父母。在去家族墓地祭拜时，我看到了自己和二姐的墓碑，墓碑上写着：满洲开拓牺牲者，向田纪男，昭和二十年，六岁；向田满惠子，昭和二十年，九岁。我在日本的家里呆到第 18 天时，生父就去世了。我虽没能养爸爸老，但却为爸爸送了终。后来我回到中国。我的大儿子于 1991 年在虹の会会长香山磐根先生的资助下赴日留学，后在日本工作并成家。我找到日本亲人已多年，如果想回去，早就走了。在我们兄弟姐妹中，我受教育的程度是最高的，我在中国能有一份公务员的工作，我的日本亲人很羡慕。"

少年时的汪振山

青年时的汪振山夫妇

汪振山夫妇结婚纪念照

1982 年，汪振山参加赴日寻亲团

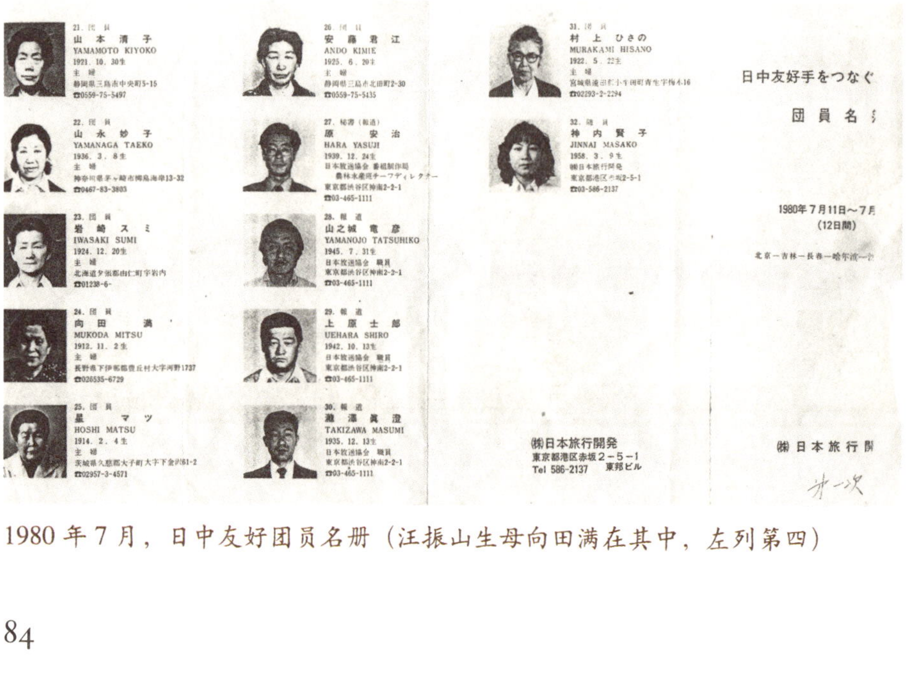

21. 団 員
山 本 清 子
YAMAMOTO KIYOKO
1921. 10. 30生
主 婦
静岡県三島市中央町5-15
☎0559-75-5497

22. 団 員
山 永 妙 子
YAMANAGA TAEKO
1936. 3. 8生
主 婦
神奈川県茅ヶ崎市柳島海岸13-32
☎0467-83-3803

23. 団 員
岩 崎 ス ミ
IWASAKI SUMI
1924. 12. 20生
主 婦
北海道夕張郡由仁町字岩内
☎01238-6-

24. 団 員
向 田 満
MUKODA MITSU
1912. 11. 2生
主 婦
長野県下伊那郡豊丘村大字河野1737
☎026535-6729

25. 団 員
星 マ ツ
HOSHI MATSU
1914. 2. 4生
主 婦
茨城県久慈郡大子町大字下金沢61-2
☎02957-3-4571

26. 団 員
安 藤 君 江
ANDO KIMIE
1925. 6. 20生
主 婦
静岡県三島市北田町2-30
☎0559-75-5435

27. 秘書（報道）
原 安 治
HARA YASUJI
1939. 12. 24生
日本放送協会 番組制作局
農林水産班チーフディレクター
東京都渋谷区神南2-2-1
☎03-465-1111

28. 報 道
山之城 竜 彦
YAMANOJO TATSUHIKO
1945. 7. 31生
日本放送協会 職員
東京都渋谷区神南2-2-1
☎03-465-1111

29. 報 道
上 原 士 郎
UEHARA SHIRO
1942. 10. 13生
日本放送協会 職員
東京都渋谷区神南2-2-1
☎03-465-1111

30. 報 道
瀧 澤 眞 澄
TAKIZAWA MASUMI
1935. 12. 13生
日本放送協会 職員
東京都渋谷区神南2-2-1
☎03-465-1111

31. 団 員
村 上 ひさの
MURAKAMI HISANO
1922. 5. 22生
主 婦
宮城県遠田郡小牛田町青生字梅木16
☎02293-2-2294

32. 随 員
神 内 賢 子
JINNAI MASAKO
1958. 3. 9生
㈱日本旅行開発
東京都港区赤坂2-5-1
☎03-586-2137

㈱日本旅行開発
東京都港区赤坂２－５－１
Tel 586-2137 東邦ビル

日中友好手をつなぐ

団員名簿

1980年7月11日～7月
（12日間）

北京－吉林－長春－哈爾濱－

㈱日本旅行開

1980 年 7 月，日中友好团员名册（汪振山生母向田满在其中，左列第四）

汪振山与养父母（后排右起第二、第三）

汪振山全家

1982年，汪振山赴日寻亲

汪振山在日本家中

汪振山赴日寻亲期间厚生省援护局长举行招待宴会

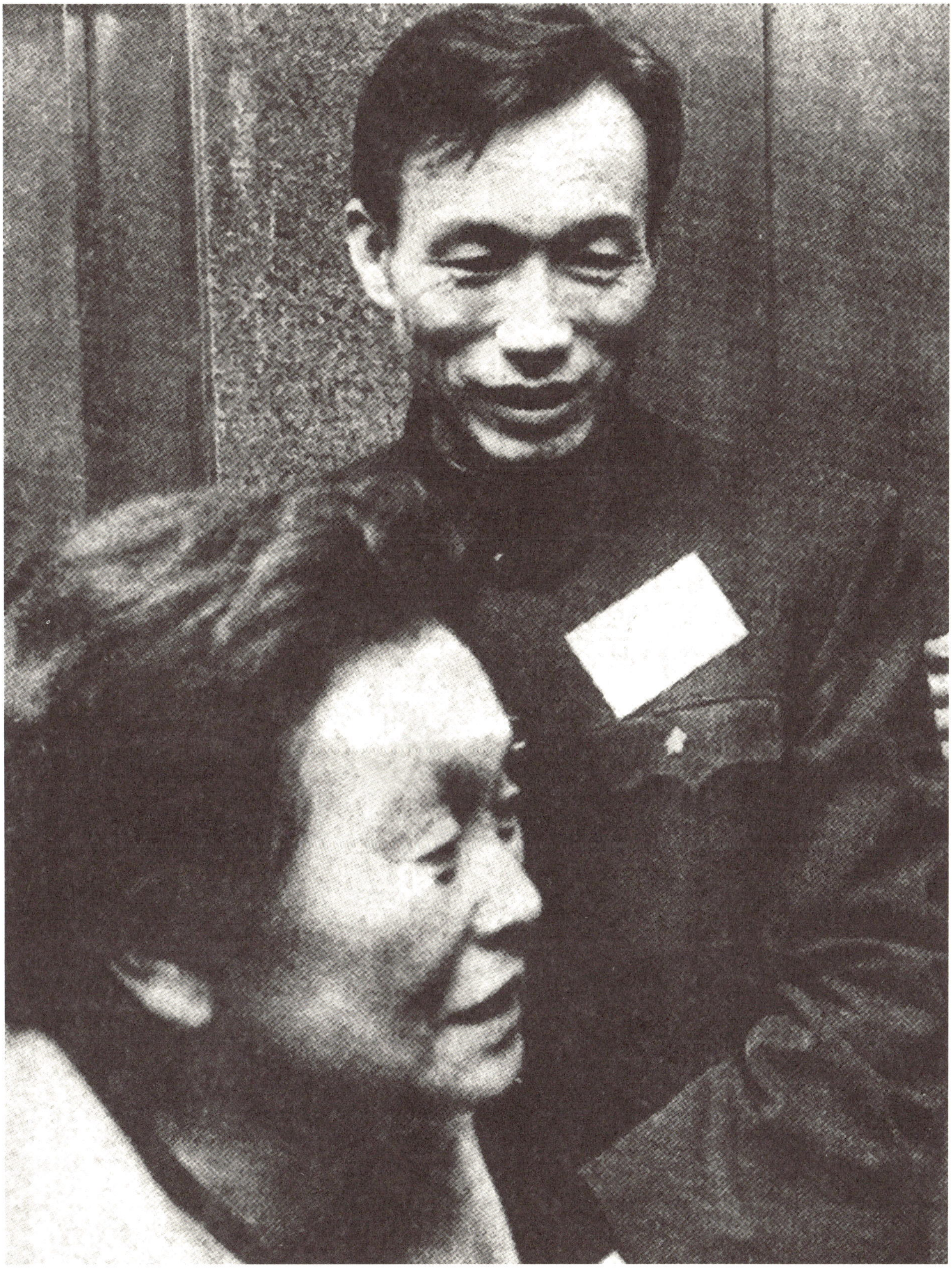

汪振山与日本生母

虹の会会长香山磐根与汪振山之子汪巍在日本

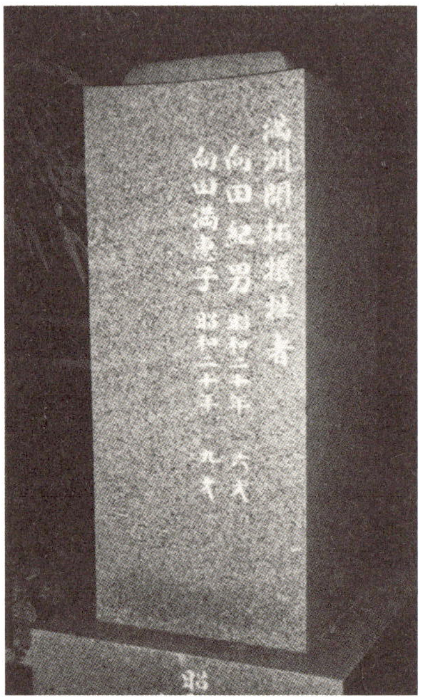

汪振山看到自己的墓碑

1983 年 6 月 7 日，汪振山与来中国的日中友好手拉手协会会长山本慈昭（右一）合影

汪振山的亲生父母

汪振山在生父的葬礼上

汪巍接受香山磐根的资助在日本生活

1994 年 9 月 16 日，汪振山祭扫家墓

授予警衔命令

公衔令字第01号

根据中华人民共和国人民警察警衔条例的规定，授予 汪振山 三级警监警衔。

此令

部长 陶驷驹

一九九二年九月一日

1992 年，汪振山授警衔仪式

第三章

日本遗孤的寻亲之路

《世界人权宣言》第 13 条第 2 款规定，人人都有归返自己祖国的权利；第 15 条规定，人人都有权享有国籍。第二次世界大战结束后在中国的日本遗孤也享有这些权利，随着他们年龄增长，思亲之情日益迫切，故适时组织他们寻亲、探亲、回国定居等逐步提到议事日程上来。中国政府根据《世界人权宣言》的规定，本着人道主义精神，以积极认真的态度，采取各种措施，尽力提供方便条件，来满足日本遗孤的愿望。

早在 20 世纪 50 年代初期，在中国政府协助日本侨民回国期间，有小部分年龄稍大的日本遗孤随同侨民一起返回日本国内。与此同时，一些日本民间人士也开始寻找在华日本遗孤。到了 60 年代，一些日本人士和某些日本民间团体，通过中日友好协会、中国红十字会赴日代表团以及在华日本侨民等组织和个人开展了各种形

1972 年 9 月 29 日，中日两国政府发表共同声明，实现邦交正常化

式的寻亲活动。但因当时中日两国无外交关系，故在华日本遗孤及其在日亲属的寻亲活动，只能是个别地或小规模地进行。

1972 年 9 月，中日实现邦交正常化，为日本遗孤赴日寻亲创造了良好的前提条件。随着两国各界人士友好往来的不断增多，部分日本遗孤的在日亲属直接或间接地来到中国，寻访失落在中国的子女或兄弟姐妹。同时，一些在华日本遗孤也开始赴日寻亲，并找到失散多年的亲人。1978 年《中日和平友好条约》签订后，为使在华日本遗孤寻亲活动健康、有序地进行，让更多的日本遗孤得以赴日寻亲，中日两国政府经过多次研究协商，决定从 1981 年开始，由两国政府有关部门负责，分期分批地组织在华日本遗孤赴日寻亲，一切费用由两国政府负责。此后，在华日本遗孤的寻亲活动便有组织、有计划地开展起来。

日本遗孤到日本寻亲、探亲、定居，是一项庞大的系统工程，具有时间紧、任务重、政策性强、涉及面广、国际影响大等特点，从日本遗孤身份的确认到寻亲活动的展开，从日本遗孤归国定居到养父母的赡养，各个环节都出不得半点差错。为使日本遗孤寻亲活动顺利开展，切实做到严肃、认真、缜密，1984 年 3 月，中日双方协商达成了关于解决在华日本孤儿问题的协议，对日本遗孤身份确认、赴日寻

中日邦交正常化后回日定居的辽宁省抚顺市日本遗孤

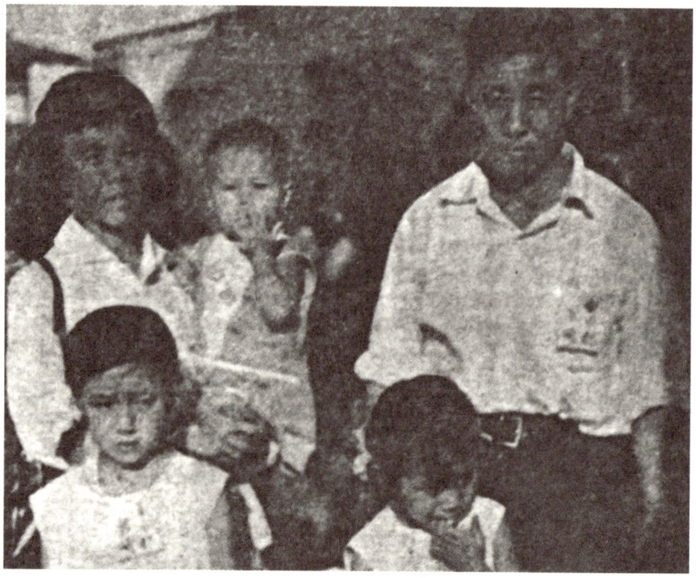

1977 年，日本遗孤宫崎精志一家回日定居

亲、回国定居及养父母赡养等问题提出解决办法，并以国家间协议形式确定下来。

截至2000年，中日两国政府已组织了31批在华日本遗孤寻亲团，先后有2120名遗孤赴日寻亲，其中666人找到了在日亲属，约占总人数的31.4%。目前，除少数日本遗孤仍生活在中国外，绝大多数日本遗孤已回日定居。

1978年8月，《中日和平友好条约》签订，同年10月邓小平赴日访问

揭开身世之谜

“我是谁？”“我的父母在哪里？”“我是哪国人？”身世上的疑问，是日本遗孤极力想弄明白的问题。揭开日本遗孤身世之谜，确认日本遗孤身份，是中日两国政府做好日本遗孤寻亲工作的首要任务。

日本遗孤是战争时期产生的特殊历史问题，确认日本遗孤身份，是一项艰苦细致的工作。从法律角度讲，日本遗孤是中国公民，但又有日本血统，中国养父母在收养他们的时候，除年龄大一点的知道自己是日本人外，很多当时还不懂事的根本不知道自己的真实身份；从国籍管理上看，保留日本国籍的孤儿很少，大都自动加入了中国籍；从居住地看，由于长期以来人口的流动和工作的调动，一些孤儿已从遗弃地迁居他处；另外，有的中国养父母由于思想感情上的原因，一直不愿把日本遗孤的真实身份告诉

吉林省长春市日本遗孤刘文德的生母（左）与中国养母

其本人。这些因素无疑给日本遗孤身份确认工作带来困难。

有关日本遗孤身份确认之事，最早见于20世纪40年代末。20世纪五六十年代各地公安、户籍管理部门曾对日本遗孤进行普查，对愿意加入中国籍的发给中华人民共和国国籍证书，对不愿加入中国籍的按日本遗孤管理。1972年中日邦交正常化时，两国领导人曾达成口头协议，由日方提供遗孤名单，中方协助查找。但在实际操作中，却出现一些错认和无法查证的问题。对此，1984年，中日双方商定了如下确认原则：

部分确认身份的日本遗孤

李忠志

王铁民

金忠海

杨芳秀

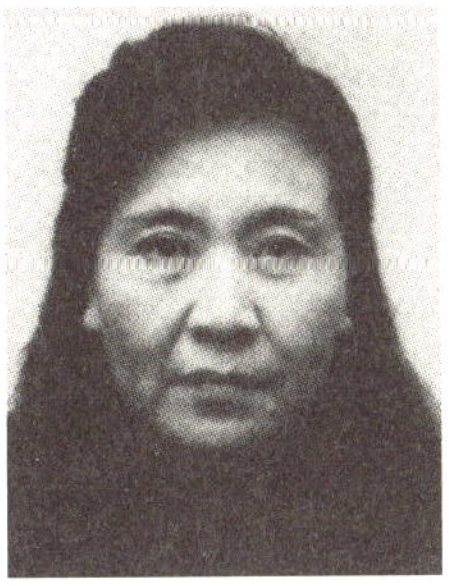
顾玉凤

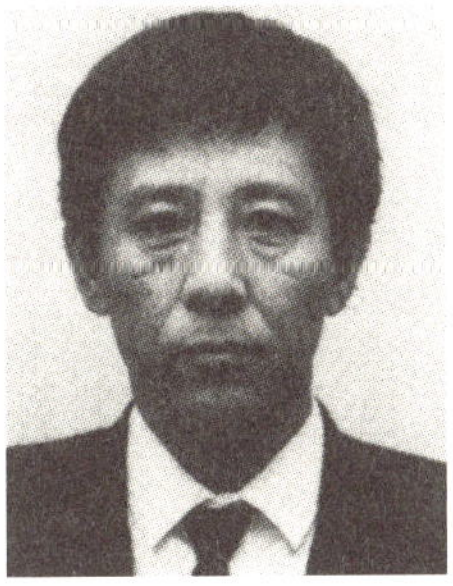
冯玉臣

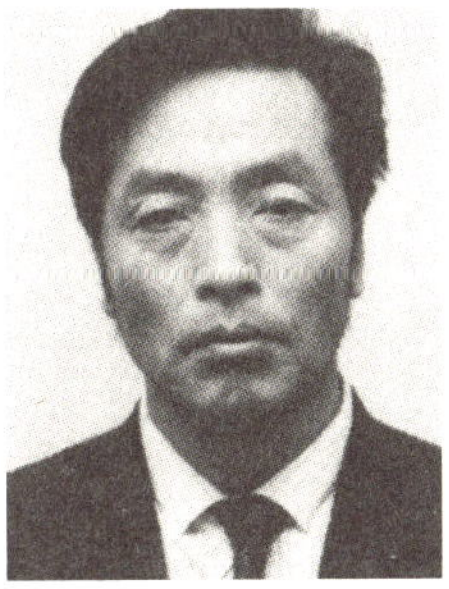
陆文璞

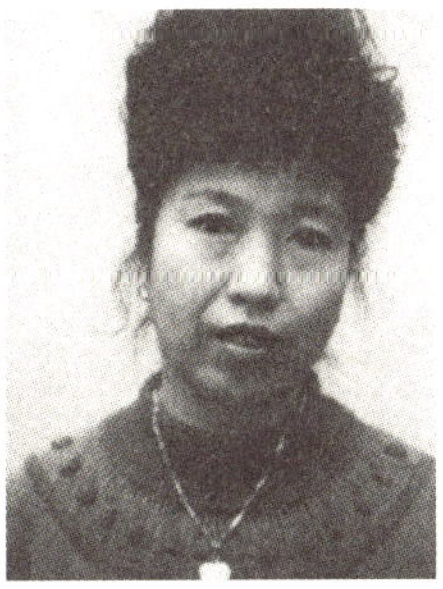
方俊芹

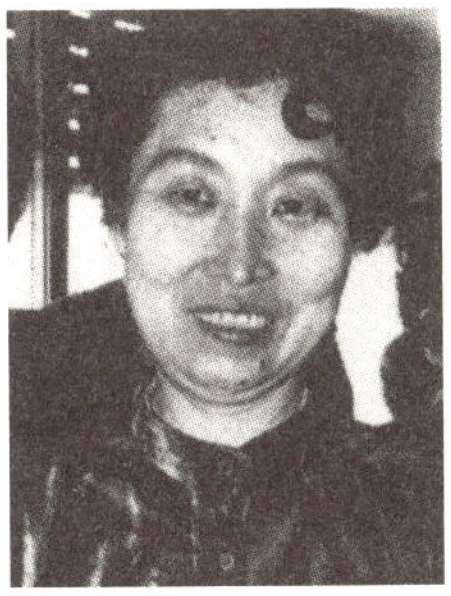
郭玉华

杨来升

王　志

王惠珠

（1）在中国，由本人向公安机关提出申请，要求确认自己的日本孤儿身份，并出具可靠的认定材料，或是有助于发现证据的线索；

（2）本人向日本驻华大使馆、领事馆或在日本的亲友写信联系，再由亲友向日本厚生省及设在各地的援护部门提出申请，请求认定自己的孤儿身份。同时提交证明人身份的日本户籍誊本或其它证明材料；

（3）最后，经中日双方政府确认生效。

根据以上原则，中国公安部门投入了大量人力物力，花费许多时间，对分布在全国各地的日本遗孤进行调查核实。仅吉林省长春市公安局出入境管理处所认定的近百名孤儿，就涉及东北三省和北京、天津、山东、河北等省市，查找证人1000多名。经过中日双方的共同努力，至20世纪90年代末，日本遗孤身份得到确认的达4000人以上，分布于中国29个省、市、自治区，其中东北三省和内蒙古自治区东四盟有3768人，约占总数的90%左右。仅以辽宁省日本遗孤认定情况为例：20世纪40年代认定2人，50年代认定123人，60年代认定38人，70年代认定160人，80年代认定392人，90年代认定98人，认定时间不详者32人。

辽宁省大连市王铁民日本遗孤身份的确认

“我叫王铁民，我的养父带我从黑龙江逃荒来到大连，他在我的衣服里缝了一个布袋，其中装有一个白布条，上面写着我的日本名字和出生日期。养父告诉我：‘这是你生父亲笔写下的条子，什么都可以丢了，它一定不能丢。’养父去世后，我进了大连市岭前福利院。在福利院里，有个大姐对我特别好，我的衣服都是她给洗。有一次，她看我里边穿的衣服太脏了，让我脱下来洗，可我说什么也不脱。大姐气哼哼地说：‘难道你那脏衣服里还有什么宝贝不成。’我极不情愿地把那件衣服脱下来，她在给我洗这件衣服之前，拿起来里里外外仔细地看，发现了我衣服里边的小布袋，便问我是否可以打开，我点点头。她打开一看，里边仅仅有一个白布条，上面用黑笔写着她不认识的日本字，大姐带我去见院长，院长看过后，就把这个小白布条扔掉了。大姐的记忆好，那个白布条上的字怎么写的她至今未忘。中日邦交正常化后，我向当地的公安机关申请认定我的日本遗孤身份，并向公安机关的工作人员提供了我的身世知情人，其中就有福利院的大姐和当时的院长。公安机关的工作人员按照我提供的材料展开调查，那张白布条的事与大姐的回忆正相吻合，再加上院长的补充，我的日本遗孤身份就在公安机关工作人员的多次核实后得到了认定。”

辽宁省铁岭市陆文璞日本遗孤身份的确认

“我叫陆文璞，1945 年出生。据我的养父陆久云、养母刘俊英、姨母刘凤芝讲，我是由养父陆久云于1945年8月在哈尔滨火车站做小买卖时捡来的。当时我大约有四至五个月那么大，身上穿着黄白色没有领子的衣服，外边系着一条带子，身上裹着一条像浴巾之类的东西，还有一条纱巾（至今仍保留着）。为了不让外人知道我是收养的孩子，养父母从哈尔滨搬到阿城，1948 年又搬回铁岭老家。有了养父母等人的证言，再加上当时包裹我的实物，过了不长时间，我就被认定为日本遗孤了。”

黑龙江省哈尔滨市贾荣华日本遗孤身份的确认

“我叫贾荣华，1945 年生。我被养母王淑云、养父王振山收养，当时住在牡丹江市东三条路。后来养父母离婚，我随养母到了贾家，改名为贾荣华。1994 年养母病危时对我讲：‘你不是我们亲生的，是要来的日本孩子。1945 年 9 月，一个日本妇女把你抱来让我收养。当时你只有四个多月大，身体瘦弱，头发枯黄，头上和屁股上生着疮。为了让你的日本生母多喂点奶，我将你生母留在家里住了近一个月。由于语言不通，我们没有思想交流，你生母有时会比划着让在大米粥里放点盐喂你。每顿饭吃完后，你生母都双手举着筷子说“ありがとう”表示感谢。你的生母有 30 多岁，身材不高，大约 1.50 米，圆脸，皮肤白净，头上盘着一个发髻，那时穿着一条有点发蓝的日本防空演习的裤子。一个月后你生母走了。大约 20 天里她又来看过你两次。’我把这些情况向当地的公安机关作了说明并申请认定自己的日本遗孤身份，他们来人又核实了一下。1995 年 1 月，我被认定为日本遗孤。”

2

踏上寻亲之路

日本遗孤寻亲活动是从 1953 年日侨回国开始的。为解决遗留在中国大陆 3 万余名日本人归国问题，1953 年 1 月，中国红十字会邀请日本红十字会、日本和平联络委员会和日中友好协会三团体来华商谈。3 月 7 日，中日双方达成协议并签署了《关于商洽协助日侨回国问题的公报》，指出：日本军国主义政府过去发动的八年侵华战争，对于中国人民造成令人难忘的滔天罪行，但中国人民明确地认清日本军国主义者曾经是而且将来也是中国的仇敌，而日本人民则是中国人民的朋友，中国人民是以友好态度对待在华的守法日侨的。截至 1952 年 12 月，在华日侨共有 3 万人左右，他们和所有守法外侨一样，受到我人民政府的保护。……对于愿意回国的日本侨民，中国政府向来愿意协助他们返回日本。中国政府的对日侨政策，不仅指导了当时的日侨回国工作，而且成为后来日本遗孤寻亲的政策基础。随后中国政府对“三种人”（日方称之为残留孤儿、残留邦人、残留妇人）开始调查。在调查过程中，对日本遗孤情况有所掌握，年龄大一些的日本遗孤，对自己父母的名字、自己的日本名字和祖籍等均有记忆，就委托回国的日本侨民帮助他们寻找在日亲人。这样，从 1953 年 3 月至 1958 年 7 月，共有 33000 余名日侨回国。大批日本侨民归国，既带走了部分年龄稍大的日本遗孤，又带去了部分在华日本遗孤的音讯，为日后日本遗孤与其在国内亲友的通信联系创造了条件。此后，日本遗孤寻亲活动，只限于书信往来或少数民间人士的联系。

1972 年中日两国实现邦交正常化，为日本遗孤寻亲活动开辟了广阔的前景。随着两国间友好往来的增多和历史遗留问题的逐步解决，积郁在日本遗孤心中的对故国和亲人的思念之情，像决堤的洪水一样迅速蔓延开来。一些知道自己身世的在华日本遗孤，纷纷要求去日寻亲；一些知道遗孤下落的日本亲友们，纷纷来华探寻；还有一些日本民间团体也开展了积极寻找在华日本孤儿的行动。然而，对在华日本遗孤大规模的寻亲活动，中日两国政府无论在思想上、组织上都准备得不够充分，致使日本遗孤寻亲活动一度出现混乱现象。日本遗孤错认问题、探亲不归问题、家庭变故问题、养父母赡养问题接踵出现。为避免类似问题发生，1978 年《中日和平友好条约》签订后，两国政府经过友好协商，决定由两国政府来负责组织实施有关日本遗孤赴日寻亲活动，分批组织日本遗孤赴日寻亲团。具体规定如下：

（1）赴日寻亲或探亲的日本孤儿应当按期返回中国；

（2）已经到达日本探亲的孤儿，如果要求留在日本定居，应先返回中国，妥善处理其在华的家庭问题，然后办理去日定居手续；

（3）前往日本探亲的孤儿，如果不愿意返回中国，将由日本政府采取必要的措施，促使其返回中国圆满解决家庭问题；

（4）如果在日本居留的日本孤儿坚决不愿意返回中国，中国亲属将前往日本当面解决家庭遗留问题，由日本政府发给中国亲属签证，所需要的往返旅费和在日本居留期间的生活费用，亦全部由日本政府承担；

（5）赴日寻亲不归孤儿的中国亲属，如果不愿意前往日本解决家庭问题，或者前往日本后仍未能解决家庭遗留问题，将由该名日本孤儿负责其家属一定数额的生活费。

这些规定，既使日本遗孤寻亲活动有所遵循，也有助于这项活动的顺利开展。由于日本遗孤居住分散，且大多数住在中小城市和偏远农村，为保证他们回日寻亲的愿望得以实现，中国各级公安部门在办理护照、安排食宿、乘坐车船等诸多方面提供了方便。每批赴日寻亲组团时，当地公安人员都负责将日本遗孤送到省会城市集中，并由省公安厅出入境管理处的工作人员向他们介绍赴日寻亲注意事项和日本社会有关情况，以及出入境应遵守的各项规定，然后派人护送寻亲团到北京，组织参观活动，直至送上赴日本的民航飞机。当他们从日本返回后，又派人前往北京迎接。中国政府的关怀照顾使日本遗孤深受感动，他们深情地说："养父母抚育我们，政府关心我们，没有这些，我们也不能去日本寻亲，对中国政府和养父母的恩情，我们终生不忘。"

20世纪70年代辽宁省日本遗孤寻亲情况一览表						
序号	姓名	日本名	出生年份	在华地址	寻亲时间	寻亲方式
1	刘桂兰	木内操子	1934年	铁岭县	1974年	委托抚顺日侨中崛和樱井探亲找到姐姐早川美代子。
2	邵玉芝	石塚久子	1934年	铁岭市	1979年	通过日本厚生省找到哥哥石塚正治。
3	陈玉殊	西本和代	1942年	开原县	1974年	通过汪清县日侨田玉芝赴日探亲找到母亲西本种。
4	罗景祥	深渡濑正纪	1934年	昌图县	1977年	本人写信给日本鹿儿岛县援护课，找到叔姨姑舅。
5	张荣阁	砂原毅	1938年	阜新市	1975年	其兄砂原惠多次来华，通过各种关系找到弟弟。
6	周津子	森田志津子	1936年	阜新市	1975年	通过日本驻华使馆找到母亲森田フサヨ。
7	张志秋	田中丰子	1941年	阜新市	1979年	父亲田中定雄给阜新市写信寻求帮助，最后找到他。
8	王彩萍	小坂智惠子	1941年	锦州市	1978年	通过赵更新与日本中村幸吉联系，找到母亲チハル。
9	吴玉庭	菅原满郎	1938年	锦州市	1975年	通过锦州市日侨岛崎朝子帮助找到父亲菅原宗助。
10	张宝库	佐藤清作	1941年	鞍山市	1974年	1956年与姐姐佐藤初美相认；1974年找到母亲佐藤菊。
11	吴素梅		1941年	抚顺市	1976年	1976年与林千鹤子相认为姐妹，得到日本亲友的认定。
12	张连生	丰田薰	1939年	抚顺市	1973年	通过日侨大森清子找到母亲齐藤キコ。
13	张淑珍	崛内和子	1943年	抚顺市	1979年	其日本的父亲和四姨通过中国政府找到其下落。
14	杜随成	蚁川博子	1941年	抚顺市	1976年	通过日侨樱井七助找到哥哥蚁川英二。
15	宫桂香	新仓京子	1937年	抚顺市	1977年	通过日侨樱井七助找到在日本的四个哥哥。
16	王桂兰	今岗泰子	1937年	抚顺市	1975年	通信寻找。
17	张振库	西村满国	1941年	抚顺市	1971年	通过婶母中平二三枝找到母亲田井登志马。
18	吴桂兰	小川满子	1942年	抚顺市	1975年	通过日侨樱井七助找到父亲小川种作。
19	王明顺	松本卓	1939年	抚顺市	1975年	通过日侨高桥秀回日探亲帮其找到哥哥松本功。
20	王兰英	横谷英子	1942年	抚顺市	1974年	通过日侨樱井七助联系找到父亲横谷清市郎。
21	林福来	宫崎精志	1940年	抚顺市	1976年	通过中日友好协会找到哥哥宫崎精光。
22	王仲发	国井荣治	1940年	抚顺市	1976年	通过日侨樱井七助找到哥哥国井昭和。
23	姜增员		1940年	沈阳市	1977年	在辽宁大厦见到来华访问的父亲春原左忠。
24	李桂珍		1942年	沈阳市	1978年	通过回日定居的江崎雅子找到哥哥小营一夫。
25	王书文		1939年	沈阳市	1976年	通过与日本通信寻找到父亲荒川长平。
26	窦在喜	常松胜	1945年	大连市	1975年	其日本亲人通过大连市日侨三宅良子找到常松胜。
27	王克宝	井上清八	1941年	大连市	1979年	经大连市日侨西内美佐绪联系找到亲属。
28	王黎明	井上安枝	1943年	大连市	1979年	
29	周喜凤	田中弘子	1939年	大连市	1978年	通过本市日侨森房江找到父亲田中一雄。
30	高春生	山崎善次郎	1945年	大连市	1978年	通过本市日侨佐藤美荣找到父亲山崎仪信。
31	朱英莲	平井晋子	1946年	大连市	1974年	经本市日侨森房江找到其母亲平井文子。
32	张福荣	村井一枝	1935年	大连市	1974年	其在复县的两个姐姐告知其在日的亲属及地址。
33	李秀莲	北田悦子	1944年	大连市	1977年	通过日侨三宅良子在日本冈山县找到父亲北田政藏。
34	李金财	二宫信义	1944年	大连市	1970年	通过邻居蒋玉田找到姐姐二宫和子和母亲丸野ナカ。
35	王秀兰	森本道子	1944年	大连市	1975年	通过本市日侨田瑛找到父亲森本正宣。
36	江凤秋	田村美代子	1943年	大连市	1975年	通过本市日侨神足宏子找到母亲田村 **。
37	王淑敏	仲田晴美	1945年	大连市	1979年	通过日侨山田美保子找到母亲仲田静子。
38	金小兰	三浦康子	1936年	大连市	1979年	经日驻华使馆找到母亲三浦ヤスエ。
39	王洪江		1942年	大连市	1979年	本人找到姐姐金小兰后与母亲取得联系。

1982 年，日本遗孤第二批赴日寻亲欢迎会

1984 年，辽宁省日本遗孤第六批第二组赴日寻亲团

1982年，赴日寻亲的日本遗孤在浅草参观

在访日孤儿的线索中寻找自己儿女的日本母亲

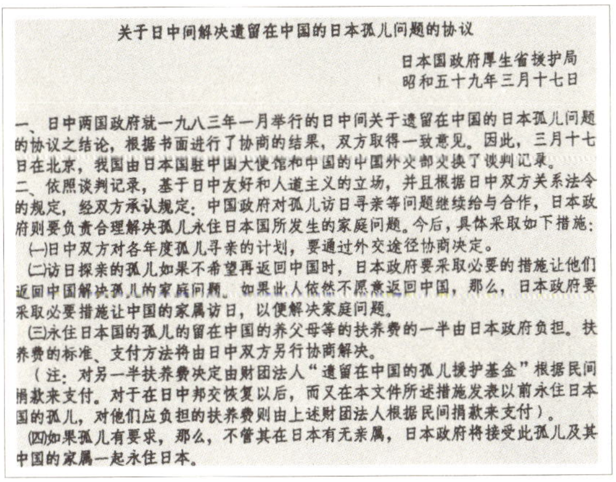

关于日中间解决遗留在中国的日本孤儿问题的协议

日本国政府厚生省援护局
昭和五十九年三月十七日

一、日中两国政府就一九八三年一月举行的日中间关于遗留在中国的日本孤儿问题的协议之结论，根据书面进行了协商的结果，双方取得一致意见。因此，三月十七日在北京，我国由日本国驻中国大使馆和中国的中国外交部交换了谈判记录。

二、依照谈判记录，基于日中友好和人道主义的立场，并且根据日中双方关系法令的规定，经双方承认规定：中国政府对孤儿访日寻亲等问题继续给与合作，日本政府则要负责合理解决孤儿永住日本国所发生的家庭问题。今后，具体采取如下措施：

(一)日中双方对各年度孤儿寻亲的计划，要通过外交途径协商决定。

(二)访日探亲的孤儿如果不希望再返回中国时，日本政府要采取必要的措施让他们返回中国解决孤儿的家庭问题。如果此人依然不愿意返回中国，那么，日本政府要采取必要措施让中国的家属访日，以便解决家庭问题。

(三)永住日本国的孤儿的留在中国的养父母等的扶养费的一半由日本政府负担。扶养费的标准、支付方法将由日中双方另行协商解决。

（注：对另一半扶养费决定由财团法人“遗留在中国的孤儿援护基金”根据民间捐款来支付。对于在日中邦交恢复以后，而又在本文件所述措施发表以前永住日本国的孤儿，对他们应负担的扶养费则由上述财团法人根据民间捐款来支付）。

(四)如果孤儿有要求，那么，不管其在日本有无亲属，日本政府将接受此孤儿及其中国的家属一起永住日本。

1984 年，中日两国关于解决日本遗孤问题的协议书

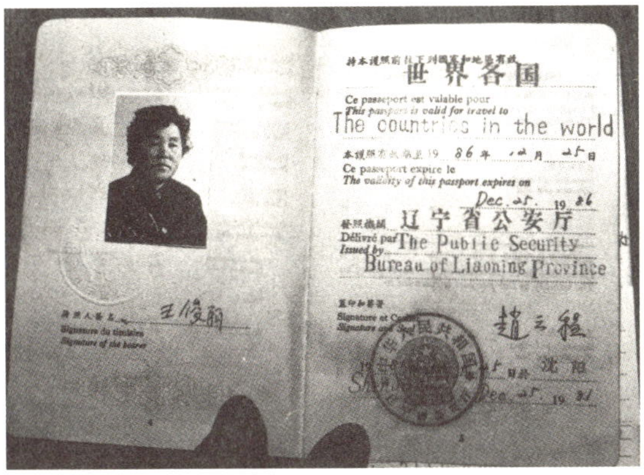

日本遗孤赴日寻亲的护照

日本遗孤陈雅娟赴日寻亲期间与生母相认

1982年，辽宁省抚顺市日本遗孤陈雅娟赴日寻亲

日本遗孤赴日寻亲团离开日本回中国

日本遗孤陈雅娟阅读寻亲新闻

1983 年，辽宁省沈阳市日本遗孤赵福奎、李宝金在赴日寻亲中兄妹相认

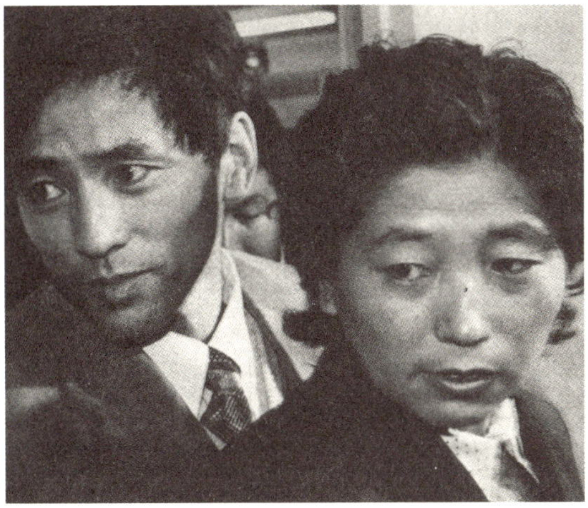

刘桂芹和同住桦南县的韩永弟在日本经血液鉴定后确认为姐弟

1984 年，辽宁省铁岭市日本遗孤周春山与生母相认

上：黑龙江省桦南县日本遗孤刘桂芹（日本名菅纪子）出生 200 天的照片。下：刘桂芹的生母菅玉子 1938 年的照片

20世纪80年代以来日本遗孤寻亲情况一览表

批次	年月	人数	男	女	判明	男	女	判明率	备注
第1次	1981.3	47	24	23	30	14	16	63.8%	辽吉黑
第2次	1982.2	60	27	33	45	21	24	75%	辽吉黑
第3次	1983.2	45	23	22	25	12	13	55.6%	辽吉黑
第4次	1983.12	60	30	30	37	17	20	61.7%	辽吉黑
第5次	1984.2	50	19	31	27	10	17	54%	辽吉黑
第6次	1984.11	90	36	54	39	14	25	43.3%	辽黑
第7次	1985.2	90	41	49	39	21	18	43.3%	京津冀鲁陕黑
第8次	1985.9	135	55	80	41	15	26	30.4%	辽吉黑
第9次	1985.11	135	60	75	33	14	19	24.4%	辽吉黑京沪豫皖陕湘鄂
第10次	1986.2	130	63	67	34	18	16	26.2%	辽吉黑
第11次	1986.6	200	98	102	79	34	45	39.5%	辽吉黑津京内陕鲁冀
第12次	1986.9	200	96	104	63	34	29	31.5%	辽吉黑津京内粤鲁冀
第13次	1986.10	100	56	44	32	15	17	32%	辽吉黑
第14次	1986.12	42	18	24	15	6	9	35.7%	辽吉黑
第15次	1987.2	104	42	62	28	12	16	26.9%	辽吉黑津京内鲁
第16次	1987.11	50	19	31	10	3	7	20%	辽吉黑
第17次	1988.2	50	16	34	13	3	10	26%	辽吉黑津京内陕鲁冀甘苏
第18次	1988.6	35	10	25	12	3	9	34.3%	辽吉黑鲁冀内
第19次	1989.2	57	26	31	9	4	5	15.8%	辽吉黑鲁津
第20次	1989.2	46	16	30	12	6	6	26.1%	辽吉黑鲁冀内
第21次	1990.11	37	13	24	4	3	1	10.8%	辽吉黑鲁冀津鄂
第22次	1991.11	50	21	29	5	1	4	10%	辽吉黑津湘陕冀
第23次	1992.11	33	13	20	4	4		12.1%	辽吉黑鲁粤内甘
第24次	1993.10	32	13	19	5	2	3	15.6%	辽吉黑京内鲁
第25次	1994.11	36	9	27	5	1	4	13.8%	辽吉黑京内桂青
第26次	1995.10	67	21	46	7	3	4	10.4%	辽吉黑鲁内湘陕冀黔宁
第27次	1996.10	43	14	29	4		4	9.3%	辽吉黑京粤
第28次	1997.10	45	17	28	3		3	6.7%	辽吉黑甘内新
第29次	1998.10	27	10	17	5	2	3	18.5%	辽吉黑
第30次	1999.10	20	5	15	1	1		5%	辽吉黑鲁冀青
第31次	2000.10	4	3	1					辽吉黑
合计		2120	914	1206	666	293	373	31.4%	

辽宁省抚顺市日本遗孤赵德喜的讲述：

1984 年，辽宁省抚顺市日本遗孤赵德喜与生母麻田花子

“我的日本名字叫麻田勇，我的生父作为开拓团民带领全家从日本高知县来到中国东北吉林省桦甸县大青沟种地。日本战败投降，父母带着我们逃难到抚顺，哥哥和弟弟在抚顺陆续死去。当时我 3 岁左右，爸爸和妈妈为了能保住我这条命，决定将我送给抚顺一赵姓人家。1984 年 5 月，我的生母从日本来抚顺寻找儿子，抚顺市公安局协助找了三个与其描述相似的人，其中就有我。公安局工作人员把我们三人的情况简单地加以介绍后，生母一眼认定我就是她的儿子。随后，我参加了第六批日本遗孤寻亲观光团。到日本后，通过验血，真实地确认了我们的母子关系。”

辽宁省丹东市日本遗孤刘连运的讲述：

“1945 年 11 月，我的生母在丹东市七道沟卖酱油，将二三岁的我送给中国人。在我稍有记忆时，邻居的小孩们就叫我‘小日本’，从周围的人那里我听说我有两个姐姐。在我 6 岁时，养父去世；12 岁时，养母去世。几年后我参加了工作并组成了自己的家庭。1982 年 2 月，我参加第二批日本遗孤寻亲团，在离开日本的前一天，我找到了日本的姐姐今井シズエ、黑木トシエ，我是她们的妹妹‘洋子’。我终于找到了日本亲人。”

1982 年，辽宁省丹东市日本遗孤刘连运赴日寻亲

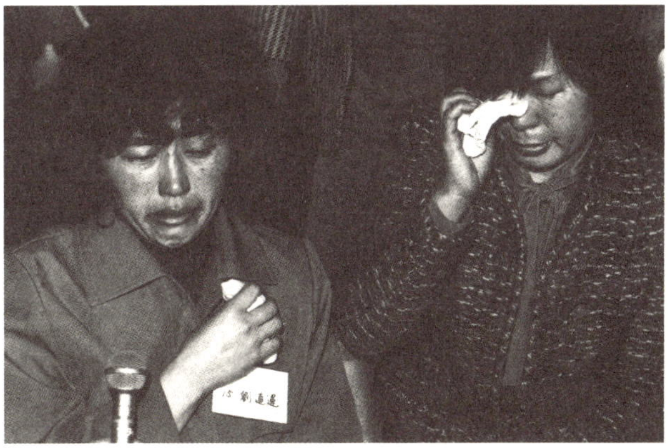

1982 年，刘连运寻亲期间与日本姐姐相认

1983 年，辽宁省沈阳市日本遗孤杨岱玲与大连市日本遗孤冯彬在赴日寻亲中姐弟相认

辽宁省沈阳市日本遗孤杨岱玲的讲述：

“据我的养母讲，1945 年‘九三’胜利后的 20 多天，我家邻居李大娘生了一个女孩，不久女孩因病死亡。1946 年 2 月，李大娘和她弟弟一起找到原春日町的一户日本人家，见一日本妇女带着三个孩子，却没有见到她丈夫，就向其说明来意。日本女人让李大娘给小男孩喂奶试一试，结果日本女人很满意，答应将这个小男孩送给李大娘，并收下李大娘 500 元钱（苏联币）。这个小男孩就是我。李大娘将我带回家，一星期后把我送给了现在的养父母。1983 年 12 月，我去日寻亲，不仅找到了日本的亲人，而且还找到了在大连生活的姐姐冯彬。”

辽宁省辽阳市日本遗孤谷铁凤的讲述：

辽宁省辽阳市日本遗孤谷铁凤和她被收养时携带的果盘

“我的养父谷永强、养母韩淑林，都是心地善良的好人。他们待我像亲闺女一样，捧在手里怕掉下，含在嘴里怕化了，精心抚育，处处呵护，一直供我到大学毕业。养父在耄耋之年，身衰体弱，最需要人照顾的情况下，向我讲出了我被收养的经过，并鼓励我寻找日本亲人。1999 年 6 月 29 日，日本厚生省官员来华确认日本遗孤身份时，养父亲自出面作证。当他讲到受日本朋友植田繁春之托，抚养日本孤儿 54 年的经历时，失声痛哭，在场的人无不为之动容。养父用日语与日本厚生省官员交流，所讲情况符合当时的实际，我当场被确认为日本遗孤。回家后老人又于 7 月 28 日给日本厚生省写信，请日本政府尽快安排我去日寻亲。在做完这一切后，养父于 8 月 23 日与世长辞。我失去了世界上最伟大、最无私的父亲。我知道，养父是拼着生命的最后力气为我作证的，他把一切都献给了他的日本养女！”

3

实现回归之梦

每个人都有自己的祖国，每个人都有自己的亲人。对祖国的热爱和对亲人的思念，是人类所具有的最朴素的感情。这一点，对于遗留在中国的数千名日本战争孤儿来说更是如此。回归故国，相伴亲人，是他们心中几十年来的夙愿。随着日本遗孤身份的确认和赴日寻亲活动的开展，日本遗孤回国定居的要求更为强烈起来。对在华日本遗孤是否去日定居问题，中国政府一贯主张自愿原则。对愿意赴日定居的，提供方便条件；对暂时不打算去日本定居的也不勉强，仍一如既往地关心和照顾他们的工作和生活。对于那些自愿选择赴日定居的日本遗孤，鼓励他们赴日后要尽快适应日本社会，积极克服语言和生活习惯方面的困难，力争早日独立自主地工作和生活，并为中日友好多作贡献。同时，中国政府还与日本政府积极协商，确定相关的政策和规定，以帮助日本遗孤尽快实现回归之梦。

日本遗孤回日定居问题，是当代中日关系中的一个重要问题，也是牵涉到两国人民感情的一件大事。众所周知，日本遗孤中除少数人在 20 世纪 50 年代初随日侨归国外，绝大多数在中国生活了数十年，且已成家立业，并与中国养父母形成了水乳交融的亲情关系。中日邦交正常化后，一些过去与日本亲人有联系的日本遗孤，开始提出回日定居的要求，中国政府适时作出安排。据统计，自 1972 年至 1980 年，共有 172 名日本遗孤回日定居，携带家属 690 人。1981 年，随着中日两国政府组织的日本遗孤寻亲活动大规模展开，要求回日定居的日本遗孤呈直线上升的势头，他们中间既包括已经找到在日亲属（身份判明）者，也包括未找到亲属（身份未判明）者，还有一些日本遗孤利用寻亲、探亲机会长期滞日不归，导致日本遗孤回日定居工作一度出现混乱局面。对此，中国外交部、公安部于 1982 年 6 月 28 日提出《关于解决日本遗孤问题的几点意见》。

（1）对日本遗孤寻亲一事，我们可继续给予协助。

（2）对于前二批已经在日找到亲属的 66 名和未找到亲属的 41 名日本遗孤，如他们表示愿意去日定居，经我有关部门审查，我应要求日方尽快安排。今后，安排一批孤儿去日寻亲，就要解决好这批人的去留及安排问题，然后再进行下一批。

（3）孤儿赴日定居前，必须处理好家庭关系，尤其对配偶、子女及其养父母要妥善安排，绝不允许遗弃，对养父母的赡养问题，应认真解决。

（4）今后对去日定居的日本遗孤，一般不再批准返华定居。

上述措施既照顾了日本遗孤回日定居的要求，也考虑到与日本遗孤相关联的中国公民的实际利益。但是，在具体组织实施时，日本政府起初只同意身份已判明的日本遗孤回日定居，而对身份未判明的日本遗孤则持消极态度，过分强调“入籍”“担保人”等硬性规定，以致发生了轰动日本的“徐明事件”（详见下文）。中国政府本着对日本遗孤极端负责的精神，为妥善解决他们回日定居问题，与日本政府多次协商，于 1984 年达成了“关于解决在华日本孤儿协商结论”的协议。

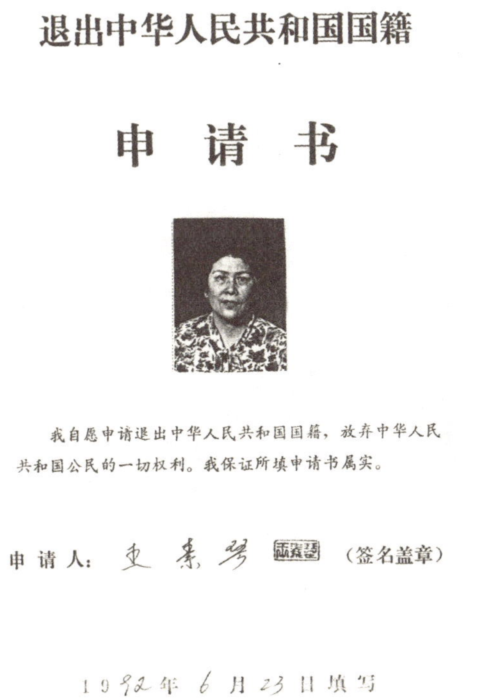

退出中华人民共和国国籍

申　请　书

我自愿申请退出中华人民共和国国籍，放弃中华人民共和国公民的一切权利。我保证所填申请书属实。

申请人：史素琴（签名盖章）

1992 年 6 月 23 日填写

日本遗孤申请退出中华人民共和国国籍申请书

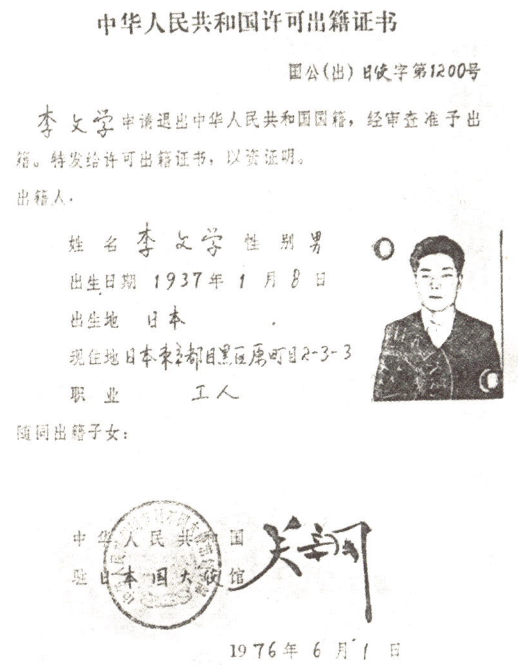

中华人民共和国许可出籍证书

国公（出）日使字第1200号

李文学申请退出中华人民共和国国籍，经审查准予出籍。特发给许可出籍证书，以资证明。

出籍人：

姓名 李文学 性别 男

出生日期 1937 年 1 月 8 日

出生地 日本

现住地 日本东京都目黑区原町目2-3-3

职业 工人

随同出籍子女：

中华人民共和国驻日本国大使馆

1976 年 6 月 1 日

中华人民共和国许可日本遗孤出籍证书

协议规定：（1）凡自愿要求赴日定居的孤儿，不论其在日本有无亲属，日本政府均予接受，并每年提出落实计划，付诸实施。同时双方同意优先安排已赴日寻亲但未找到亲属的孤儿。（2）孤儿的养父母、配偶和子女及其他受其抚养的人要求随同孤儿赴日定居者，日本政府也接受其要求，并与孤儿一起发给赴日签证。（3）日本政府在法律上保护随同赴日定居的中国籍家属的正当权益，并为他们提供在日本的生活、就业、学习等方面的便利。

这一协议的达成，为日本遗孤大批回日定居创造了条件，使日本遗孤回国定居人数直线上升，从20世纪80年代初的每年几十人，猛增至每年数百人。据日本厚生省统计，1985—1995年间回日定居的日本遗孤达到1468人，携带家属5899人。另据《人民日报》（海外版）2000年10月13日载：自1981年3月至2000年10月，中日两国政府组织的在华日本遗孤寻亲活动，“给许多因日本侵华战争被遗弃在中国的日本人回国与家人团聚创造了机会。截至今年8月，已有2787人被确认为‘残留孤儿’，其中1265人判明了身份。已归国永住的有2300人，连带其直系亲属共有8300人回到了日本。”事实上，回日定居的日本遗孤总人数接近4000人。因为，对在华日本遗孤的年龄标准界定上，中日双方有所区别。日

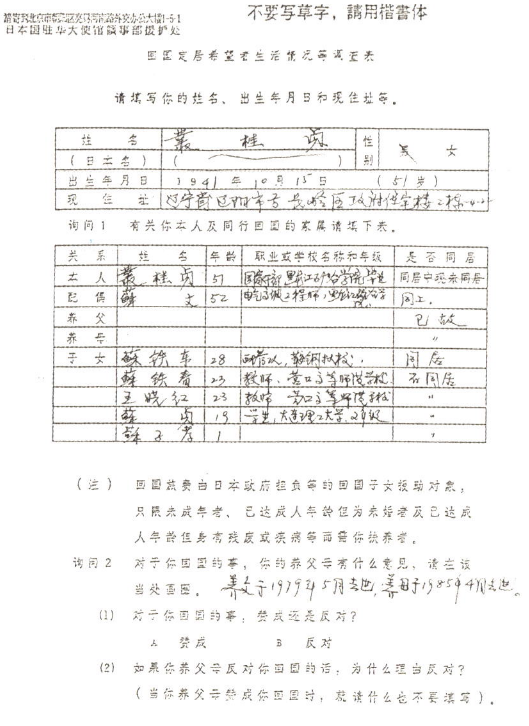
不要写草字，請用楷書体

日本国驻华大使馆领事部援护处

回国定居希望者生活情况等调查表

请填写你的姓名、出生年月日和现住址等。

姓名	叢桂貞	性别	男 女
（日本名）	（ ）		
出生年月日	1941年10月15日	（51岁）	
现住址	辽宁省辽阳市弓长岭区政府住宅楼2栋4-22		

询问1 有关你本人及同行回国的家属请填下表。

关系	姓名	年龄	职业或学校名称和年级	是否同居
本人	叢桂貞	51	[illegible]	同居中现亲同居
配偶	蘇文	52	[illegible]	同上。
养父				已故
养母				〃
子女	蘇铁东	28	[illegible]	同居
	蘇铁春	23	教师、营口高等师范学校	不同居
	王晓红	23	教师 营口高等师范学校	〃
	蘇貞	19	学生，大连理工大学，2年级	〃
	蘇子孝	1		〃

（注） 回国旅费由日本政府担负等的回国子女援助对象，只限未成年者、已达成人年龄但为未婚者及已达成人年龄但身有残废或疾病等而需依扶养者。

询问2 对于你回国的事，你的养父母有什么意见，请在该当处画圈。养父于1979年5月去世，养母于1985年4月去世。

（1） 对于你回国的事，赞成还是反对？

A 赞成 B 反对

（2） 如果你养父母反对你回国的话，为什么理由反对？（当你养父母赞成你回国时，就请什么也不要填写）。

日本遗孤希望回日定居生活情况调查表

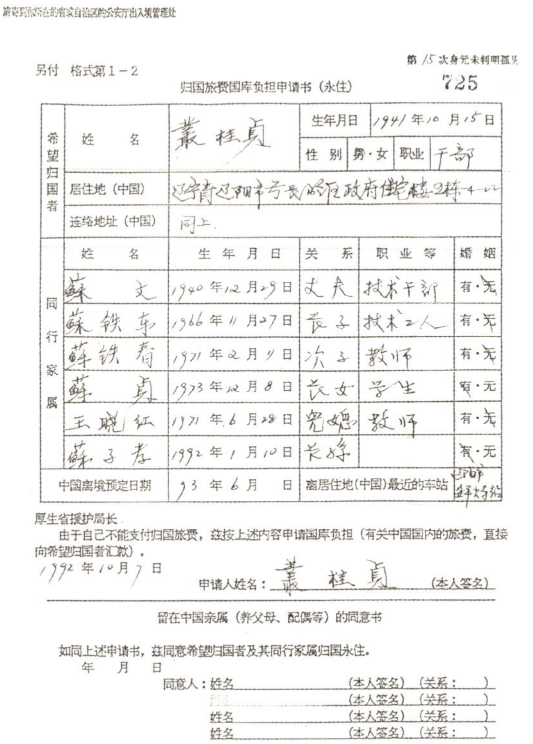
请寄到你所在的省或自治区的公安厅出入境管理处

另付 格式第1－2

第15次身元未判明孤児

725

归国旅费国库负担申请书（永住）

希望归国者	姓名	叢桂貞	生年月日	1941年10月15日		
			性别	男·女	职业	干部
	居住地（中国）	辽宁省辽阳市弓长岭区政府住宅楼2栋4-22				
	连络地址（中国）	同上。				

	姓名	生年月日	关系	职业等	婚姻
同行家属	蘇文	1940年12月29日	丈夫	技术干部	有·无
	蘇铁东	1966年11月27日	长子	技术工人	有·无
	蘇铁春	1971年2月1日	次子	教师	有·无
	蘇貞	1973年12月8日	长女	学生	有·无
	王晓红	1971年6月28日	儿媳	教师	有·无
	蘇子孝	1992年1月10日	长孙		有·无
中国离境预定日期	93年6月 日		离居住地（中国）最近的车站	[illegible]	

厚生省援护局长

由于自己不能支付归国旅费，兹按上述内容申请国库负担（有关中国国内的旅费，直接向希望归国者汇款）。

1992年10月7日

申请人姓名：叢桂貞 （本人签名）

留在中国亲属（养父母、配偶等）的同意书

如同上述申请书，兹同意希望归国者及其同行家属归国永住。

年 月 日

同意人：姓名 （本人签名）（关系： ）

（本人签名）（关系： ）

姓名 （本人签名）（关系： ）

姓名 （本人签名）（关系： ）

日本遗孤归国旅费负担申请书

方将13岁以下者定为“残留孤儿”，以上者定为“残留邦人”或“残留妇人”；中方则以被收养时无独立生活能力的18岁以下的未成年人为准。故在确认日本遗孤总人数上有所差异。对赴日定居的日本遗孤，中国政府协助日本方面做了许多工作。各地有关部门及时为日本遗孤及他们的家属办理各种去日定居手续，帮助他们解决财产处理、行李托运、乘车乘机等实际困难，使日本遗孤和他们的亲属非常感动。而日方对回日定居的在华日本遗孤也十分重视。他们表示，孤儿工作是日本全体国民都十分关心的事情，必须认真做好。1985年以来，随着回日定居的日本遗孤日益增多，日本政府除将埼玉县所泽孤儿定居促进中心扩大规模外，还陆续增设大阪、福冈、爱知、福岛、北海道等五处孤儿定居促进中心，为孤儿提供日语和生活方面的指导。据介绍，日本还有20所职业学校，接受定居的孤儿和他们的子女，对其进行职业培训。经过培训的人，大多数基本自立。如果找不到工作，由日本政府发给生活保障金，以维持其基本生活水平，并可享受免费医疗等。总体来说，日本遗孤对日本政府给予的关照是比较满意的。尤其是日本遗孤的二代三代，到日本定居后，很快融入日本社会，并在各自的学习和工作岗位上做出了积极贡献。

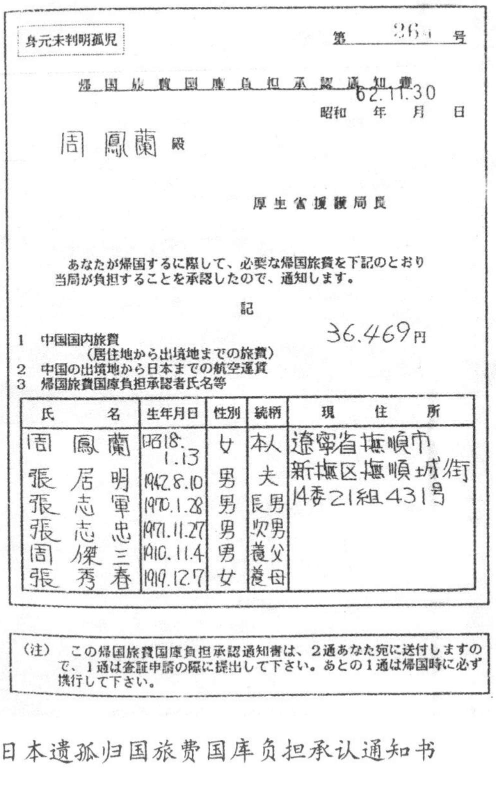

身元未判明孤児

第 264 号

帰国旅費国庫負担承認通知書

昭和 62 年 11 月 30 日

周鳳蘭 殿

厚生省援護局長

あなたが帰国するに際して、必要な帰国旅費を下記のとおり当局が負担することを承認したので、通知します。

記

1 中国国内旅費（居住地から出境地までの旅費） 36,469円

2 中国の出境地から日本までの航空運賃

3 帰国旅費国庫負担承認者氏名等

氏名	生年月日	性別	続柄	現住所
周鳳蘭	昭18.1.13	女	本人	遼寧省撫順市新撫区撫順城街14委21組431号
張居明	1942.8.10	男	夫	
張志軍	1970.1.28	男	長男	
張志忠	1971.11.27	男	次男	
周傑三	1910.11.4	男	養父	
張秀春	1919.12.7	女	養母	

（注） この帰国旅費国庫負担承認通知書は、2通あなた宛に送付しますので、1通は査証申請の際に提出して下さい。あとの1通は帰国時に必ず携行して下さい。

日本遗孤归国旅费国库负担承认通知书

在定居促进中心学习的日本遗孤

日本遗孤周春山在日本工作

日本埼玉县所泽日本遗孤定居促进中心

金忠海一家在日本获培训结业证书

辽宁省本溪市日本遗孤金忠海一家在日本

黑龙江省日本遗孤嶋清夫妇在日本开办诊疗中心（中为嶋清）

日本遗孤二代在认真学习

日本遗孤初试和服

日本遗孤原田满雄一家回日开办“中华料理”

归国日本遗孤参观职业学校

养父随我来日定居

我的中国名字叫孙永久，日本名叫齐藤义幸，1943 年出生。1945 年的秋天，中苏边境的开拓团难民们在向哈尔滨方向撤退途中，我被父母扔在了黑龙江省林口县的山中，后被当地的中国人孙长春背回家。年幼的我身体十分虚弱，经常拉肚，看我这样，养母天天以泪洗面，待我的身体一天天好起来了，养母也就不再哭了。养父在他劳动之余也来哄我，养父母像对自己的孩子一样抚育着我。1963 年我的养母就去世了，剩下我和养父两个人相依为命。我于 1983 年参加第三批日本遗孤寻亲团，在寻亲期间见到了曾是开拓团团员的齐藤德治郎先生，我与他的脸形、牙齿、眼睛、嘴、耳朵酷似，回忆当年分别时的情景和当时他们给我随意穿的和服后，齐

养父孙长春在日本治疗眼疾

黑龙江省林口县日本遗孤孙永久一家回日定居（左一为养父孙长春）

藤德治郎先生认定我是他的三儿子齐藤义幸。我不愿把养父扔在中国，自己回日本。在我的劝说下，1986 年 4 月 4 日，养父随我们一家到日本定居。在此期间，我的生父患病故去了。我养父的眼睛患有白内障，到日本后，他的右眼睛只能看见在眼前晃动的手，左眼睛已达到分不清东西的程度。为了治好养父的眼睛，我跑了几个区公所，终于得到了解决，1986 年 8 月，养父住进了东京船员保险医院。经过两次手术，养父的两眼视力恢复到 0.8。在养父住院期间，他的主治医生增井嘉一为了给他治疗，学会了必要的中国话，翻译寺川通雄用一张大纸做了一个钟，挂在病房中间，让视力恢复的养父辨别钟的大小指针。他还细心地用一个瓶子装来了海水，里面养着鱼，从他那里，养父知道了鱼在咸的水里也能生存并且现在有人已经用海水做饭了。1988 年 1 月 24 日早晨，医院的护士送给我养父一束鲜花，养父高兴地出院了。我养父的一大心愿是看见大海。为了实现他的这个愿望，浜口先生特意在横滨港招待了他。养父曾说过，来日本能见到大海，死也值得。当养父真的看到大海时，他的脸上露出了甜甜的笑。养父与我来日本之前，就打算死在日本并把骨灰埋在日本，但他要求火葬，希望他的烟能飘回中国。这就是一位将我养大成人的中国老人的一点愿望，他把爱给了我，他把希望留给了我，我深爱着的中国父亲。

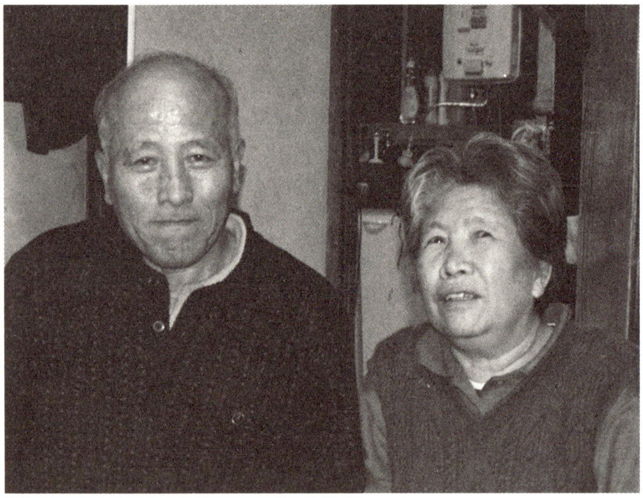

孙永久夫妇在日本家中

复明后的孙长春去看大海

日本记者菅原幸助谈“徐明事件”始末

1980年6月23日，我在中国黑龙江省牡丹江市北山宾馆第一次见到战争遗孤徐明。第二天，在我们访华团乘坐的列车就要启动时，徐明连蹦带跳地从站台上的人群中跑了过来，从车窗下将一封信塞了进来。访华回国后，我在《朝日新闻晚报》上刊登了遗孤徐明信的内容：“我叫徐明，是日本战争遗孤，我的中国养父母能证明此事，我究竟是谁的孩子？我的生身父母又在何处？请您帮助我去寻找，今后我会把您当作亲哥看待。”我写的报道发表后，札幌市某公司职员来信说徐明是他的孩子，并通过我交换信息，初步确认了他们俩为父女关系。不久，徐明带三个孩子自费来日本。为了恢复其日本国籍，“父女”俩进行了血液鉴定，结果却证明两人之间无血缘关系。恰在这时，徐明滞留日本的签证期限只剩下两个多月了，日本出入境管理局发出了无情的通牒，“只要父女关系被明确否认，必须在规定时间内离开日本，如违法滞留日本，将采取强制遣返的措施。”走投无路的徐明给我写信说：“我以为找到了生身父亲，就变卖了所有的家产来到日本，走到这一步，我已经不能回中国了。前些天，大麻哈鱼由大海回游到札幌的河里，众多的札幌市民都去迎接这些回归的大麻哈鱼。报刊、电视媒体对这些进行了大量的报道，据说大麻哈鱼每隔三四年就会回游到故乡的河里，人们会兴高采烈地欢迎它的回归。我们母子四人不是大麻哈鱼而是人，相隔35年回归祖国，却没有一个人欢迎我们，还以找不

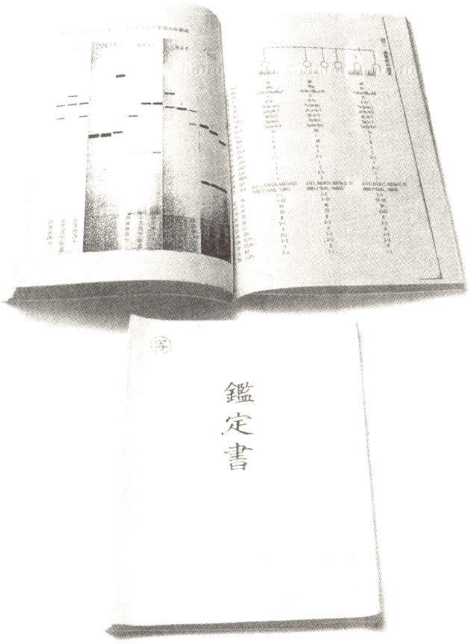

日本遗孤徐明的血液鉴定书

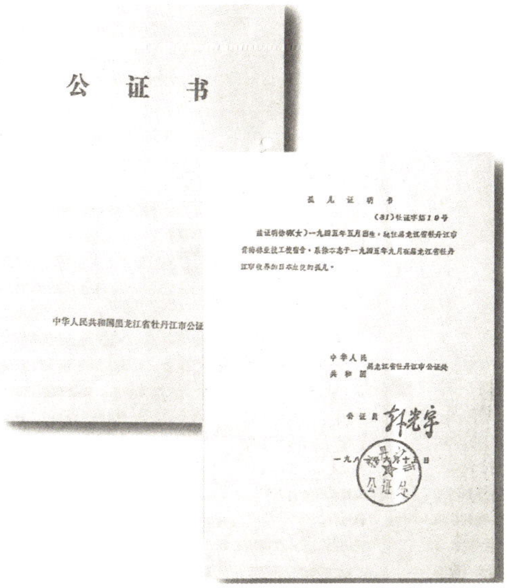

日本遗孤徐明的身份公证书

到生身父亲为由撵我们回中国。造成妻离子散、家破人亡的原因是战争，而战争是由国家发动的，从人道主义出发，国家应负责帮我找到生身父母。现在国家却要对我进行强制遣返，这是个多么残酷无情的国家！我非常羡慕大麻哈鱼，我们战争遗孤也是人，但在日本人眼里，还不如一条大麻哈鱼，这是多么可悲呀！中国政府曾通过调查确认了我们作为战争遗孤的身份，并发了公证书，尽管如此，日本还要把我们强制遣返中国，我将以死抗议日本政府对待本国国民的态度。”

看了这封信后，我马上寻求朋友的帮助，将徐明母子安全送到东京。然后我带着徐明母子四人来到了法务省入国审查科，希望延长一年滞留日本的签证，以帮助徐明母子在日寻亲，结果未能如愿。随后，我又一边在《朝日新闻晚报》刊登题为《寻觅的父亲却为路人，羡慕大麻哈鱼》的文章，一边向援助遗孤的志愿者千野诚治求助，建立了“徐明声援会”。律师河合弘之在电话中说：“我现在从事律师工作，出生在满洲，战败时险些成为遗孤，法律上需要咨询和帮助，我一定尽力。”在河合弘之律师鼎力相助下，1982 年 6 月 1 日东京民事法院批准了徐明恢复日本户籍的申请。虽然由于父母不详，徐明的户籍内容与众不同，但她

少年时的徐明与中国养父母

总算取得了日本国籍，从法律上确认了日本人的身份和权利，再也不用担心被强制遣返中国了。徐明就这样在“声援会”的援助下最初取得了日本国籍。1987年，她开始在さくら共同法律事务所就职，从那之后就担当为孤儿取得国籍的申诉材料整理、面接时口译、照会书笔译等工作。1994年徐明在代代木中心的咖啡屋巧遇两个亲姐姐。50年后的再会，使她有了自己的真实姓名——池田澄江。

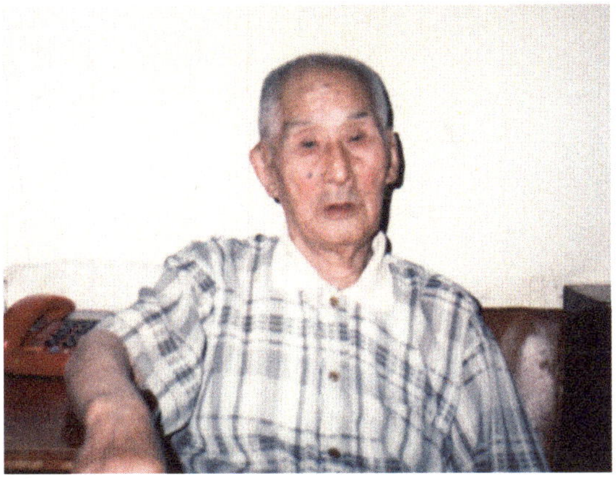

日本遗孤徐明的养父徐本治

日本遗孤徐明在日本

徐明一家在日本

徐明与两个日本姐姐

徐明的中国养父母赴日探亲

第四章

中日友好的和平使者

日本遗孤遗弃异国他乡，为世人所惊叹；中国人民的育孤善举，为世人所感叹。目前，绝大多数日本遗孤虽已携亲眷回日定居，但仍以各种形式回报养父母的养育之恩；少数留在中国的日本遗孤则往返于中日之间，成为经济和文化交流的使者。

日本遗孤寻亲、探亲、定居等活动的影响力是十分巨大的。无论是在中国，还是在日本，日本遗孤都是家喻户晓的事，关于他们的每一举措，都萦系着千千万万人的心。日本遗孤寻亲的过程，本身就是中日两国友好关系发展的结果。在这一问题上，既有两国间政府行为，又有民间寻访；既有鸿雁传书，又有媒体宣传；既有短期安排，又有长期计划；既考虑遗孤思亲之情，又考虑养父母赡养之需。凡是与遗孤有关、需两国政府间协调的事情，都能获得较为圆满的解决。

1984 年以来，中日两国负责日本遗孤工作的政府官员，多次互访。中国代表团每次访日都专门安排时间去“孤儿定居促进中心”“职业学校”看望孤儿及其家属，转达中国政府对他们的关心和养父母、亲属对他们的思念。日本遗孤见到中国去的亲人，心情激动，热泪盈眶，争相表达怀念第二故乡、关心中国发展、为中日友好贡献力量的心情。许多日本友人，不仅对回日孤儿提供各种帮助，有的还特意到中国为在华日本遗孤和他们的养父母提供帮助。如日本友人笠贯尚章出资在吉林省长春市修建了中国养父母楼，专门供中国养父母居住。日本遗孤刘长河（日本名远藤勇）1974 年赴日定居后，始终不忘中国人民的养育之恩。1991 年方正县遭受洪涝灾害，他毅然捐款 12 万元人民币，支援灾区建设。他还向方正县捐资 200 万日元，用于修建养父母公墓。

1980 年 7 月 14 日，聂荣臻副委员长在人民大会堂与日本遗孤美穗子亲切交谈

养父母公墓的建成，体现了日本遗孤“养育之恩，永世不忘”的拳拳之心。更值得称道的是，1999年，上千名日本遗孤和日本友人捐资在沈阳“九一八”历史博物馆建成“感谢中国养父母碑”，以表明他们不忘养育之恩的心迹。日本遗孤永井治夫在《江南春·建碑抒怀》词中说：“别神州，归扶桑，百感如涌泉，涕泪沾衣裳。流髓履肠抱养恩，寸草春晖刻心房。愿得偿，喜若狂，碑载日中情，词放功德光。延颈举踵欲瞻仰，寄托哀思赴沈阳。”

令人欣慰的是，许多归国日本遗孤，在日本经过短期培训，很快找到工作，生活自立，事业有成。特别是其二代、三代，通过在日本的学习和教育，逐步融入日本社会，成为有用之才，并投身到中日友好事业中来。

目前，尚有少部分日本遗孤留在中国各地生活和工作。他们中间既有政府官员，也有工人农民，还有技术人员和专家学者。他们留华不归的原因，纵有千条万条，但最根本的一条是对养育他们的土地和人民的眷恋。吉林省长春市日本遗孤、诗人于德水1986年被确认为日本遗孤身份，同年9月去日寻亲。但因养父母年事已高，没人赡养，便没有申请去日定居。后来养父母相继去世，他又守孝三年，才于1992年去日定居。在日本他无法忘怀养育他的第二故乡，作《思乡》诗：“身在扶桑心在华，萍踪万里到天涯。樱花满目惟催泪，夜夜梦魂到旧家。”1995年，他重返长春市，为养父母修墓立碑。同时他还投资办厂，并写诗明志：“不欲声名留后世，拼将热血唤和平。世界原本多灾难，铸剑为犁劝耦耕。”日本遗孤、内蒙古自治区通辽市原人大常委会副主任乌云20世纪80年代初就找到了其在日本德岛市的哥哥，但至今仍留华未归。数十年来她往返于中日之间，穿针引线，传播友谊，成为中日两国人民的友好使者。德岛市政府向通辽市捐款，在生态环境脆弱的库伦地区建起以“乌云”名字命名的千亩森林。乌云的哥哥每年都要率团来通辽市参加植树造林活动。

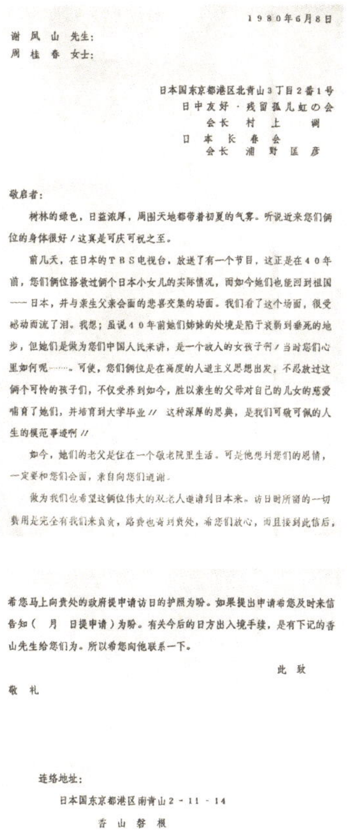

1980年6月8日

谢 凤 山 先生：
周 桂 春 女士：

日本国东京都港区北青山3丁目2番1号
日中友好·残留孤儿虹の会
会长 村 上 调
日 本 长 春 会
会长 浦 野 匡 彦

敬启者：

树林的绿色，日益浓厚，周围天地都带着初夏的气雾。听说近来您们俩位的身体很好/这真是可庆可祝之至。

前几天，在日本的TBS电视台，放送了有一个节目，这正是在40年前，您们俩位搭救过俩个日本小女儿的实际情况，而如今她们也能回到祖国——日本，并与亲生父亲会面的悲喜交集的场面。我们看了这个场面，很受感动而流了泪。我想；虽说40年前她们姊妹的处境是陷于衰弱到垂死的地步，但她们是做为您们中国人民来讲，是一个敌人的女孩子们/当时您们心里如何呢……。可使，您们俩位是在高度的人道主义思想出发，不忍放过这俩个可怜的孩子们，不仅受养到如今，胜以亲生的父母对自己的儿女的慈爱哺育了她们，并培育到大学毕业// 这种深厚的恩典，是我们可敬可佩的人生的模范事迹啊//

如今，她们的老父是住在一个敬老院里生活。可是他想到您们的恩情，一定要和您们会面，来自向您们道谢。

做为我们也希望这俩位伟大的双老人邀请到日本来。访日时所需的一切费用是完全有我们来负责，路费也寄到贵处，希您们放心，而且接到此信后，

希您马上向贵处的政府提申请访日的护照为盼。如果提出申请希您及时来信告知（ 月 日提申请）为盼。有关今后的日方出入境手续，是有下记的香山先生给您们为。所以希您向他联系一下。

此 致

敬 礼

连络地址：
日本国东京都港区南青山2-11-14
香 山 磐 根

1980年，日本友好·残留孤儿虹の会邀请中国养父母谢凤山、周桂春赴日的信函

麻山事件遗留的日本遗孤立碑纪念养育之恩

1 寸草报得三春晖

日本遗孤回国定居之际，正是他们的中国养父母需要赡养之时。日本政府虽然允诺孤儿可携带养父母赴日定居，但许多养父母因年事已高，加之故土难离，不愿到日本去。为解决养父母赡养问题，中日两国政府协商决定，由日方向尚健在的养父母提供赡养费用，即每位养父母每月 60 元人民币，累计 15 年，一次付清。与此同时，为解决养父母思亲之苦，日本政府还多次邀请中国养父母到日本探望孤儿和观光旅游。自 1984 年至 1998 年有 15 批“中国养父母访问团”共 279 人到日本观光、访问和探亲。日

1988 年，中国养父母访日团欢迎会

本政府也多次组织“日本遗孤慰问中国养父母代表团”到中国慰问。自 1987 年至 1998 年，12 年间共有 12 批 225 名日本遗孤到中国慰问养父母。而日本地方县府市组织的慰问团更比比皆是。一些日本民间友好人士则以各种形式对中国养父母进行慰问。至于回日定居的孤儿及配偶对中国养父母的关怀和恩养的事例更是不胜枚举。这是对育孤之情的回报，也是对寻亲之路的延续。日本遗孤大多认为，“养育之恩大于生育之恩”“再造之恩终生难报”“中国养父母恩比山高、情比海深，今生今世报答不完”。

1999 年，中国养父母访日团

中国养父母访日团在日本参观

中国养母刘淑琴与日本遗孤石金锋
(日本名小林义明)在日本

特别的慰问给特别的你

给日本遗孤及中国养父母送年礼

昨日，中国红十字会此次东三省慰问活动在沈启动

本报讯 记者李文慧报道 中国红十字总会在东北三省举行的春节慰问日本遗孤及中国养父母活动，昨天上午在沈阳市举行了启动仪式，仪式的场地选择在沈阳"九一八"历史博物馆。

昨天上午，目前仍居住在沈阳市的数位日本遗孤及中国养父母代表，接过了中国红十字总会赠与的数箱慰问品。

中国红十字总会联络部部长王晓华在仪式上说："日本遗孤是一群无辜、不幸的孩子，是战争的受害者。但有幸的是胸怀宽广，充满爱心和人道精神的中国人把这些不幸的孩子收养下来，并在万分艰苦的环境中将他们抚养成人。中日关系正常化后，养父母们让找到日本亲属的日本遗孤回到了日本，这是一种无私精神。"

王晓华介绍，中国红十字总会今年专门在东北三省举行此次慰问活动，是因为东北地区的日本遗孤数量最多，目前仍留在东北三省的日本遗孤大约还有1000多人。此次慰问活动虽不是第一次，但此等规模并不多。

58岁的日本遗孤吴本连女士，其姓名是由中国的养父母所起，有"与日本相连"之含义。她从小就知道自己的身世，并曾与日本联系过，但是没有找到日本的生父生母，现在养父母已经过世。她含着泪说："养父母对我非常好。"

启动仪式后，日本遗孤代表和所有与会者还参观了沈阳"九一八"历史博物馆。在一座塑像前，解说员讲解说："这就是'感谢中国养父母碑'。看，这对夫妇慈祥地看着这个孩子，这个孩子深情地望着这对夫妇……"

图为日本遗孤在回忆中国养父母的恩情。
记者王迪 摄

2001 年 1 月，中国红十字会慰问中国养父母及
在华日本遗孤

2002 年，日本东京中国歌舞团团长刘锦程来华慰问中国养父母

2003 年春节，辽宁省红十字会慰问在华日本遗孤及中国养父母

养父母访日情况一览表			
年度	实施期间	访日养父母	归国者
1984	1984.11.6—1984.11.14	18 人	16 人
1985	1985.10.18—1985.10.26	21 人	21 人
1986	1986.11.11—1986.11.19	24 人	24 人
1987	1987.10.14—1987.10.24	21 人	21 人
1988	1988.10.11—1988.10.21	22 人	22 人
1989	1989.10.16—1989.10.26	23 人	23 人
1990	1990.9.17—1990.9.27	21 人	21 人
1991	1991.9.30—1991.10.10	22 人	22 人
1992	1992.9.29—1992.10.9	21 人	21 人
1993	1993.10.19—1993.10.29	22 人	22 人
1994	1994.10.18—1994.10.28	15 人	14 人
1995	1995.9.26—1995.10.6	11 人	9 人
1996	1996.9.9—1996.9.19	13 人	12 人
1997	1997.9.23—1997.10.3	15 人	12 人
1998	1998.9.15—1998.9.25	10 人	9 人
合计		279 人	269 人

回日定居的日本遗孤给中国政府有关部门官员致信

日本友人笠贯尚章与中国养父母楼

笠贯尚章先生是日本东京人，伪满时期曾在长春生活过一段时间，并在长春娶妻生子。1945 年日本战败投降后，他回到日本，在东京经营商业，取得一定成绩，担任一家公司的董事长。1986 年，他致信吉林省长春市王家桐市长，提出想为家住长春市日本遗孤养父母捐建一座住宅楼，表达对中国养父母的感激之情。在具体研究中国养父母楼施工方案时，长春市政府和笠贯先生都千方百计地为年老体弱的日本遗孤养父母着想，把地址选定在交通方便的市中心区。住宅楼紧靠长春市最大的新开路综合市场，以利于养父母采购物品，且和长春市中医院只有一墙之隔，以方便养父母就近求医治病。为了使老人们上下楼方便，住宅楼设计为 3 层。1990 年 11 月 20 日，笠贯先生全家赶来参加竣工典礼。白发苍苍的养父母们手持鲜花，笑逐颜开，喜迁新居。笠贯尚章先生捐资修建的中国养父母楼，又称“中日友好楼”，凡是家住长春市又是城市户口的日本遗孤的中国养父母都搬进了这座住宅楼，最多时曾达到 32 户。这些养父母的名字是：郑桂兰、刘瑞祥、王永丰、傅桂珍、王淑珍、王振山、杨淑琴、赵玉华、王清海、黄淑珍、孙起江、禹桂荣、杜凤山、倪绍孔、秦家国、姜树艺、王玉梅、徐凤英、项贵臣、仲秀珍、郑秀云、高秀英、关秀兰、曾秀兰、张云芳、徐凤山、张玉芳、潘广信、杨桂芝、范玉芳、李淑贤。

吉林省长春市的中国养父母楼

日本遗孤刘长河与中国养父母公墓

黑龙江省方正县日本遗孤刘长河（日本名远藤勇）1974 年回日定居后，始终不忘方正县父老乡亲的恩情和哺育过自己的那片黑土地。1991 年方正县遭受洪涝灾害，他毅然捐款 12 万元人民币，支援灾区生产建设。1993 年 4 月 15 日，他致信方正县政府，提出捐资 200 万日元修建“中国养父母公墓”，以永久缅怀所有故去的中国养父母。1995 年 5 月 4 日他亲自来方正县向自己的母校捐助教育资金 1 万美元。他捐资修建的中国养父母公墓于 1995 年 5 月动工，同年 7 月 30 日竣工，位于方正县炮台山西北坡茂密松林中。中国养父母公墓的建立充分体现了一个日本遗孤“养育之恩，永世不忘”的殷殷之情。

1942 年，远藤勇随父母、祖母、叔叔在伪三江省依兰县开拓团（前排左三为远藤勇）

日本遗孤远藤勇与生母

日本遗孤远藤勇中国养父母刘振权、吕桂云

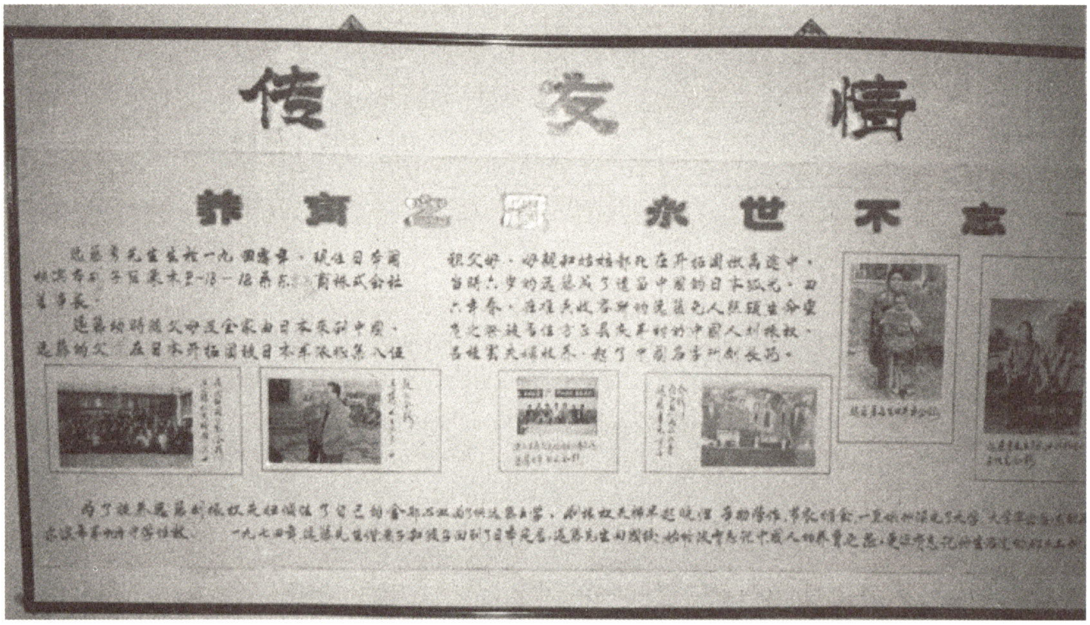

关于日本遗孤远藤勇回报家乡的介绍

黑龙江省方正县的中国养父母公墓

日本遗孤与感谢中国养父母碑

1999年8月20日，由上千名日本遗孤自发捐款建立的“感谢中国养父母碑”在沈阳“九一八”历史博物馆落成，来自日本的100多名战争遗孤及志愿者和中国养父母代表一起参加了揭幕仪式，这座“感谢中国养父母碑”是由日本千野诚治先生发起组织的“中国养父母感谢委员会”筹建的。其碑文如下：

日本军国主义侵略给中国人民带来的重创与苦难难以计量。1945年，日本战败。众多的日本儿童与双亲离散，被遗弃在中国大地上。是善良的中国人民，置自己的生活窘困而不顾，向这些身世悲惨的孤儿伸出慈爱之手，并以其心血与博爱把这些孤儿养育成人。1972年9月，日中恢复邦交，一些孤儿在寻亲过程中验明了自己的身世，提出了回到祖国去的愿望。中国养父母对此给予极大的理解与支持，按捺着离别之苦，挥泪送孩子们踏上归途。今天，这些归国孤儿怀着对中国养父母不尽的感激之情，活跃于日本各界，架起了一座促进中日友好的桥梁。对中国养父母的人道与博爱，日本人民感铭之至，并永世难忘他们的宏恩盛德。今年正值《中日和平友好条约》签订20周年，在这意义非凡的时刻，由衷祝愿日中两国的长期友好和平，并向中国养父母竭诚致意。为将中国养父母的伟大精神与崇高事迹传颂万世，为告诫后人不再重蹈覆辙，特立此碑。

辽宁省沈阳市的感谢中国养父母碑

2

华夏扶桑架彩虹

日本遗孤是传递中日友谊的鸿雁和使者，是中日友好交往的桥梁和纽带。在过去的几十年中，大批日本遗孤赴日寻亲和回日定居，向日本各界人士讲述了自己被遗弃和被收养的经历，向日本人民传达了中国人民的友好情感。同时，他们又把日本人民希望和平友好的心情带给中国人民。日本在华“残留孤儿”“残留邦人”“残留妇人”的大批回国，其配偶和子女等也到日本定居，从而构成了一代新的日籍华侨群体。据日方统计，总人数在10万人以上。仅方正县日籍华侨就达3万人。这些人关心祖国建设，关心家乡发展，衷心希望中日世代友好，愿为中日友好作贡献的感情基础是十分坚固的。由于日本遗孤在中国生活几十年，对第二故乡和他们的养父母有着深厚的情意，所以在回日定居后，一旦自立了，就能为家乡父老施以恩泽，在经济、文化交流中起促进作用，或投资办厂，或贸易往来，或交流文化，为构筑中日友好之桥添砖加瓦。目前尚未回日定居的日本遗孤们，一方面在各自的岗位上继续为中国经济文化建设服务，另一方面又利用经常到日本观光等方便条件，穿针引线，招商引资，对繁荣当地经济文化起到重要作用。令人高兴的是回日定居的日本遗孤们的二代三代，能够迅速融入日本社会，已在中日友好交往中崭露头角，相信他们会把中日友好的接力棒一代一代传下去，使一衣带水的日本和中国，世代和平，善邻永结。

虹の会会长香山磐根关心日本遗孤二代

1984 年，日本遗孤石金锋的养母与生母在日本相见

日本遗孤徐美玉来华创办养猪场

黑龙江省哈尔滨市日本遗孤徐美玉一家1983年回日定居。近些年她拿出在日本打工积攒的钱回中国投资办养猪场，回报中国人民。她说："我之所以这样做，一是感激中国老百姓对我的厚爱，二是为帮助下岗工人再就业。经过考察，我们决定投资80万元在辽宁省锦州市近郊创办养猪厂。2000年10月，这个企业开始启动。目前来看，整个企业逐步走上了正轨，扭转了亏损的局面。我和我丈夫会尽自己的最大努力回报这片土地的。"

黑龙江省哈尔滨市日本遗孤徐美玉夫妇

徐美玉夫妇（左一、二）在日本

日本遗孤吉水喜诚的不了情

20 世纪 40 年代初，吉水喜诚随父亲来到哈尔滨市附近的开拓团。日本战败投降时，吉水喜诚的父亲已病故，他成为战争孤儿，被中国一牛姓人家收养，改名为吉凤山，后与牛家女儿牛桂云结为夫妇。60 年代初，牛桂云的侄子牛春荣因家庭变故，生活困难。吉水喜诚得知后，决定将牛春荣收为养子。日本遗孤吉水喜诚就这样成为一个中国孩子的养父。1976 年，吉水喜诚一家回日定居时牛春荣并未一同赴日。20 世纪 80 年代末，养父母身体欠佳，希望牛春荣去日本照顾他们。为报答养父母的养育之恩，1991 年牛春荣一家前往日本。1996 年，牛春荣加入日本国籍，改名为吉水春荣。在日本，经过多年打拼，在东京开办了一家诊疗院，有了一定的经济基础。这时，吉水喜诚对其养子说：“你应该考虑为中国做点事情了，那是我的第二故乡，也是你的故土，我今生没有多大本事报效那里的人民，你一定要替我做点事情，不然我到死也闭不上眼睛啊！”吉水春荣遵从养父的嘱托，回中国辽宁省大连开发区创办惟道技术咨询顾问有限公司，运用脑像图技术进行人体的研究与开发。当下，吉水春荣往返于中日两国之间，推广和应用脑像图技术。

吉水喜诚夫妇与吉水春荣一家在日本

吉水春荣在介绍脑像图技术

吉水喜诚夫妇与孙辈在日本家中

日本遗孤于德水的故乡情

“我是日本遗孤，身上流着大和民族的血液，但我更是一个中国人，是中国人给了我第二次生命，是中国的传统文化在哺育我成长。中国是一个诗的国度，中国古典诗词典雅精深，韵味无穷。我爱中国，也爱中国诗词。我所以在已去日本定居后重返中国，是中国诗召唤的缘故。我已经出版了两本诗集，上面有不少是我在日本写的思乡诗，透过这些诗，你就能读懂我的拳拳之情。我被确定为日本遗孤的时间较早，但那时养父母尚健在，便没有申请去日定居。后来，养父母相继去世，我按着中国传统习惯，为二老守孝三年，才于1992年去日定居。但在日本我总是思念养育我的第二故乡，想念我的诗友。1995年春，我重返长春市，为养父母修墓立碑。碑文是：‘恩深情重春晖意，结草衔环赤子心。’同时我还投资办厂，安排下岗工人再就业，为养育我的黑土地尽绵薄之力。”

于德水全家

于德水养母

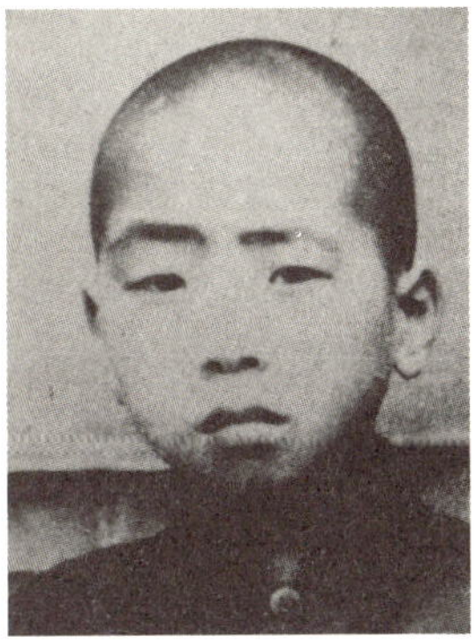

少年时的于德水

青年时的于德水夫妇

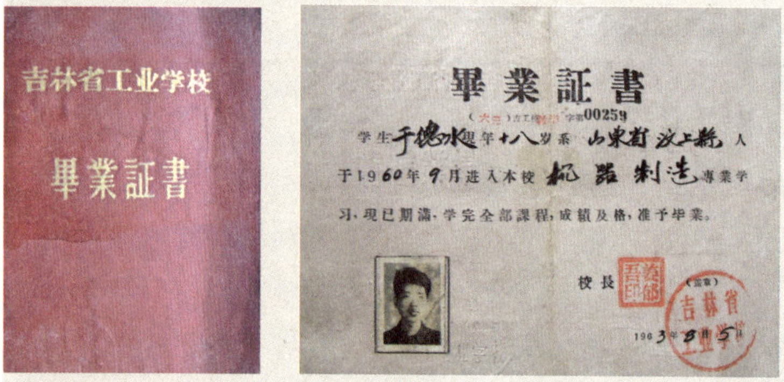

于德水吉林工业学校毕业证书

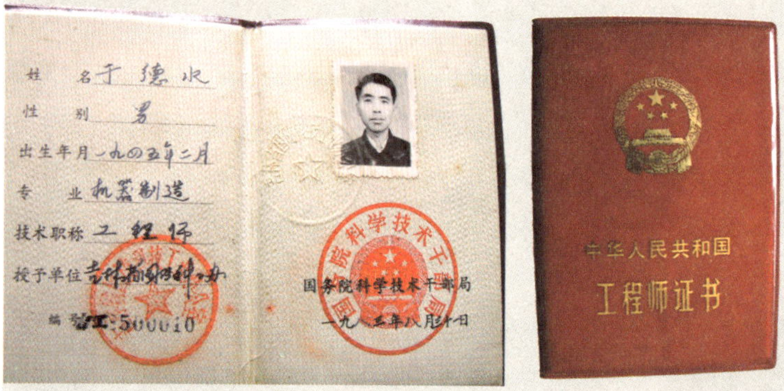

于德水工程师证书

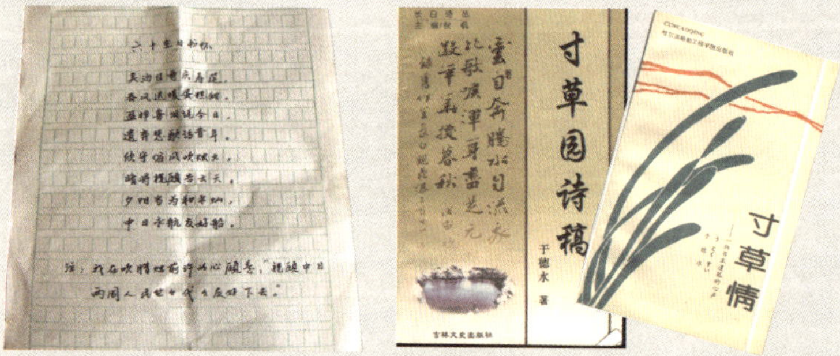

于德水诗稿和于德水创作的诗集

于德水吉林作家协会证书

于德水回中国办厂

1986年，于德水去日寻亲

日本遗孤乌云的中国心

“我是日裔华人，就是中国籍的日本人。我的日本名字叫立花珠美，中国名字叫乌云。1938 年我生在日本德岛市，1940 年随父母来华，住在王爷庙，就是现在的内蒙古自治区乌兰浩特市。我是葛根庙事件幸存者之一，我的养父母把我当作亲女儿一样，视为掌上明珠。在这个家庭里，我从小学一直读到大学。1957 年我从内蒙古师范学院毕业后，分配到哲里木盟库伦旗第一中学当老师，36 年教书育人，桃李满园。1972 年中日邦交正常化后，我通过在日华侨撒木伦，找到了我在日本德岛市的哥哥立花甫。我哥哥的第一封信写了 15 页，还寄来一些照片。哥哥在信上说让我尽快去日探亲，并给父亲扫墓。这样，我于 1981 年 8 月去日探亲，与哥哥相见。一段时间后，我想念中国，想念阿妈，想念同事，想念学生。我向哥哥提出放弃在日本的永久居留权和日本国籍，回到中国内蒙古去，照顾我的养母。哥哥嫂嫂尊重我的选择。这样我就又回到科尔沁大草原。1993 年我调至哲里木盟任政协副主席，1994 年调至通辽市人大常委会工作，担任人大常委会副主任。我连续两届任全国政协委员，还是教育系统的全国劳动模范。如今我致力于中日人民之间的友好交流，经常往返于中国和日本之间。我哥哥也经常从日本来中国观光旅游，进行经济文化交流。”

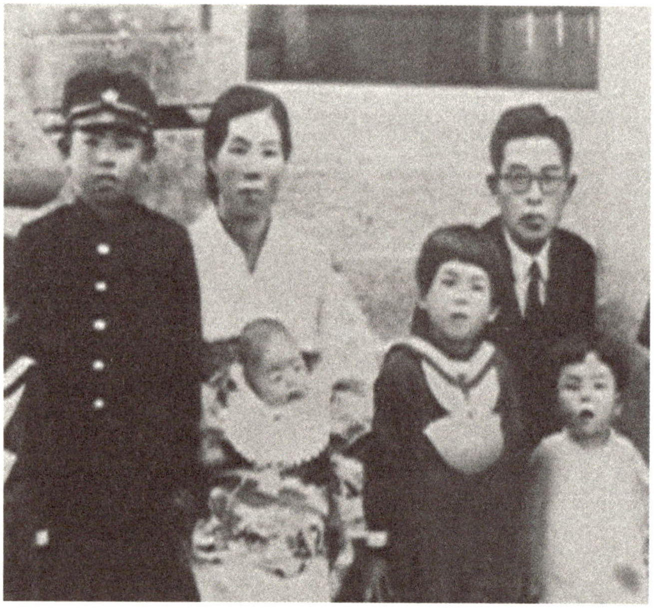

1940 年，乌云一家在日本（右一为乌云）

乌云生母与子女在中国（前排右二为乌云）

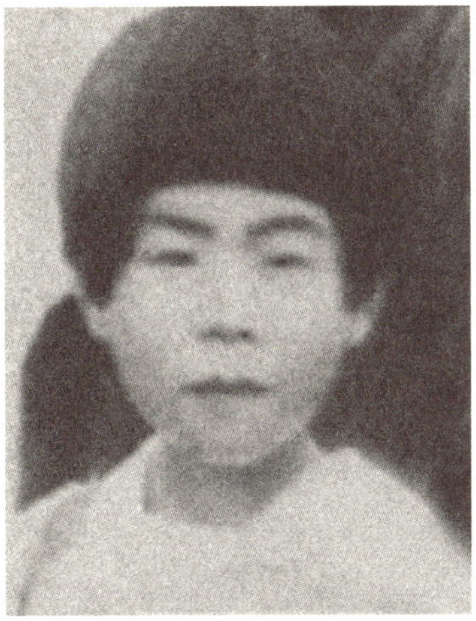

乌云的姐姐立花淳子

乌云的哥哥立花甫

大学读书的乌云

教书的乌云

乌云一家

乌云的养母

乌云和养母在一起

乌云去日探亲

中国和日本、通辽与德岛，因立花珠美架起了友谊的彩虹。特别是近些年来，由日本民间捐资，在乌云曾工作过的库伦旗建设了3万亩生态林，其中5400亩被命名为“乌云森林”。愿中日两国人民世世代代友好，让两国人民共同栽种的友谊之树常青！

乌云在日本德岛市立碑明志

乌云和哥哥立花甫在科尔沁沙地植树期间合影

乌云森林

参考文献

1.（日）满史会编著．满洲开发四十年史（上下）．东北沦陷十四年史辽宁编写组译．内部发行，1988 年

2.（日）满洲国史编纂刊行会编．满洲国史（总论）．黑龙江省社会科学院历史研究所译．内部发行，1990 年

3.（日）満洲開拓史刊行会編．満洲開拓史．全国拓友協議会発行，1980 年

4. 黑龙江省档案馆、黑龙江社会科学院编．日本向中国东北移民．内部发行，1989 年

5. 沈殿忠主编．日本侨民在中国（上下）．辽宁人民出版社，1993 年

6.（台湾）邱树屏．伪满洲国十四年史话．长春文史资料第 53 辑．内部发行，2002 年

7. 孙继武、郑敏主编．日本向中国东北移民的调查与研究．吉林文史出版社，2002 年

8. 中共鸡西市委党史研究室编．鸡宁抗日风云．1991 年

9. 冯瑞云．当代中日关系发展要论．吉林教育出版社，1996 年

10.（日）镰田慧．当代日本社会百面观．赵平、阿部治平译．商务印书馆，2000 年

11. 梅桑榆．侵华日俘大遣返．济南出版社，1991 年

12. 刘德有、马兴国主编．中日文化交流事典．辽宁教育出版社，1992 年

13. 田桓主编．战后中日关系文献集（1945—1970）．中国社会科学出版社，1996 年

14. 关捷等主编．中日关系全书（上下）．辽海出版社，1999 年

15. 曹保明．第二次世界大战收养日本遗孤纪实．北方妇女儿童出版社，1999 年

16. 冯兴盛主编．情系华桑．大连理工大学出版社，1997 年

17. 栗公魁、栗志强编著．爱与恨．黑龙江朝鲜民族出版社，1998 年

18. 黑龙江省政协文史资料委员会编．梦碎满洲——日本开拓团覆亡前后．黑龙江人民出版社，1991 年

19.（日）今村匡平．在中国的奇遇续篇——重访中国．王文浩、王丕迅译．广西人民出版社，1989 年

20.（日）中田庆雄．冰花：一个满蒙开拓青少年义勇队员的自述．三联书店，1982 年

21. 叶广岑．战争孤儿．华岳文艺出版社，1990 年

22.（日）竹川英幸．帰り道は遠かった　満洲孤児三十年の放浪．每日新聞社，1982 年

23.（日）浜口タカシ．二つの祖国—中国残留日本人孤児の記録．神奈川新聞社，1985 年

24.（日）浜口タカシ．祖国よ母よ—中国残留日本人孤児の記録．神奈川新聞社，1986 年

25.（日）浜口タカシ．37 年目の再会—中国残留孤児の記録．朝日新聞社，1982 年

26.（日）菅原幸助．“日本人になれない”中国孤児．洋泉社，1989 年

27.（日）財団法人　中国残留孤児援護基金．私の祖国　中国残留孤児の記録．編集・制作：朝日新聞出版サービス，1995 年

28.（日）財団法人　中国残留孤児援護基金．祖国に生きる—中国残留孤児帰国者の自立生活の記録．編集・制作：朝日新聞出版サービス，1998 年

29.（日）財団法人　中国残留孤児援護基金．21 世紀未来に向けて．編集・制作：朝日新聞出版サービス，1999 年

30.（日）中国残留孤児の国籍取得を支援する会．中国残留孤児国籍取得 1000 人達成の記録．2000 年

31. 秦风编著．你没见过的历史照片．山东画报出版社，2001 年

32. 秦风编著．你没见过的历史照片．山东画报出版社，2004 年

33. 秦风编著．抗战一瞬间．广西师范大学出版社，2005 年

34.（日）昭和史別巻一．每日新聞社発行，昭和 60 年

35.（日）昭和史七卷．每日新聞社発行，昭和 60 年

36. 伪满皇宫博物院编．伪满洲国旧影．吉林美术出版社，2001 年

37. 中华人民共和国国务院新闻办公室编集．中日国交正常化 30 周年．中国画报出版社，2002 年

38. 施玉森．日本侵略中国东北与伪满傀儡政府机构．雏忠会馆出版，2004 年

39. 辽沈晚报．2002 年 1 月 28 日第 1 版

40. 沈阳日报．2003 年 11 月 2 日第 A4 版

41. 东北烈士纪念馆编．历史的瞬间——苏联红军在东北．人民出版社、欧亚出版社，2005 年